# 転生したらスライムだった件 Regarding Reincarnated to Slime で学ぶ ことわざ100

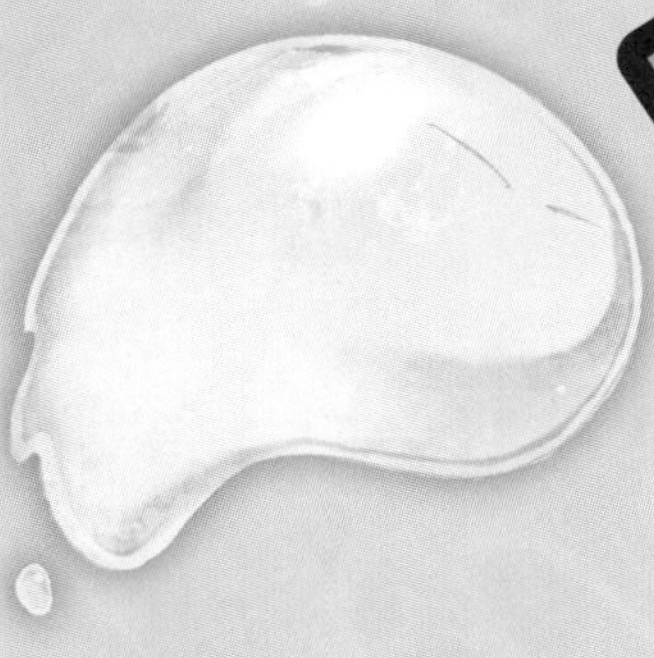



講談社

# 『転生《てんせい》したらスライムだった件《けん》』のあらすじと主《おも》なキャラクター紹介《しょうかい》

ふつうの会社員《かいしゃいん》だった三上悟《みかみさとる》はある日《ひ》、**青天《せいてん》の霹靂《へきれき》**のように通《とお》り魔《ま》に刺《さ》され命《いのち》を落《お》としてしまいます。が、「**捨《す》てる神《かみ》あれば拾《ひろ》う神《かみ》あり**」というべきか、剣《けん》と魔法《まほう》の異世界《いせかい》でスライムに転生《てんせい》。天災級《カタストロフ》の強《つよ》さをもつ暴風《ぼうふう》竜《りゅう》ヴェルドラと**竹馬《ちくば》の友《とも》**のような間柄《あいだがら》になってリムルという名前《なまえ》をもらい、**水《みず》を得《え》た魚《うお》**ならぬ「スキルを得《え》たスライム」としてどんどん強《つよ》くなり、魔物《まもの》たちと仲《なか》よくなります。**火中《かちゅう》の栗《くり》を拾《ひろ》う**ような危険《きけん》をおかしたり、**九死《きゅうし》に一《いっ》生《しょう》を得《え》る**ような奇跡《きせき》でピンチを乗《の》り越《こ》えたりしつつ、魔物《まもの》を束《たば》ねる魔国連邦《テンペスト》の王様《おうさま》になったリムルは、**笑《わら》う門《かど》には福来《ふくきた》る**のように、どんな種族《しゅぞく》でも楽《たの》しく暮《く》らせる国《くに》をつくるためにがんばることを決《き》めたのでした。

**リムル=テンペスト**

いろいろあって
魔王《まおう》になったスライム

**シズエ・イザワ（シズ）**

リムルの運命《うんめい》を大《おお》きく
変《か》えた人《ひと》

## 魔国連邦《テンペスト》の仲間《なかま》たち

ヴェルドラ＝テンペスト

ゴブタ

ランガ

リグルド

ベニマル

シオン

シュナ

ソウエイ

ハクロウ

ガビル

ゲルド

ディアブロ

ミョルマイル

ミリム

リムルの
友《とも》だちの魔王《まおう》

ヒナタ・サカグチ

聖騎士団長《せいきしだんちょう》を務《つと》め
る超強《ちょうつよ》い異世界人《いせかいじん》

ルミナス

神《かみ》でもある魔王《まおう》

ラミリス

迷宮《めいきゅう》づくりが
得意《とくい》な魔王《まおう》

ユウキ・カグラザカ

敵《てき》か味方《みかた》か不明《ふめい》な
異世界人《いせかいじん》

ラプラス

ユウキの下《もと》でいろい
ろ暗躍《あんやく》している人物《じんぶつ》

クレイマン

リムルと対立《たいりつ》
していた元魔王《もとまおう》

# もくじ

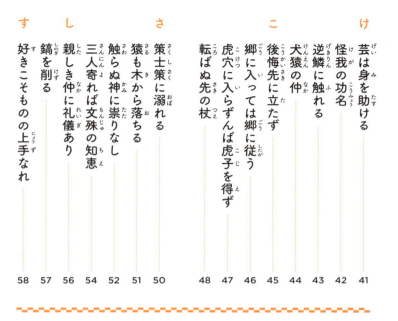

ブックデザイン：五十嵐好明（LUNATIC）
マンガデータ提供：株式会社二葉企画

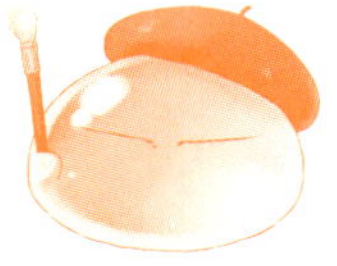

【おもな参考文献】

『新明解故事ことわざ辞典　第二版』（三省堂）、『デジタル大辞泉』（小学館）、『ちいかわ　ことわざ100』（講談社）、『マインクラフトでおぼえる ことわざ146』（西東社）、『ぜんいち＆マイッキーとまなぶ　まいぜんシスターズのことわざ』（ポプラ社）

※本書にはマンガ『転生したらスライムだった件』26巻までの内容が含まれます。また、登場するコマの配置が出典元のマンガとは異なる場合があります。
※本書には、必ずしも紹介していることわざの意味と、マンガのコマの内容が一致しないものもあります。

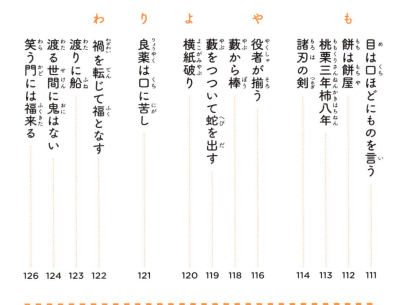

# 阿《あ》吽《うん》の呼吸《こきゅう》

意味《いみ》

ほかの人《ひと》と力《ちから》を合《あ》わせてなにかをするときの、おたがいの微妙《びみょう》な気《き》もちのこと。また、それがしっかり合《あ》うこと。

「阿《あ》」は口《くち》を開《ひら》いて出《だ》す声《こえ》、「吽《うん》」は口《くち》を閉《と》じて出《だ》す声《こえ》のことだよ。

ゴブタとランガは抜群《ばつぐん》のコンビネーションでいっしょに戦《たたか》います。

26巻《かん》／第《だい》114話《わ》

とくと見《み》るっす！
魔狼合一《ヘンシン》——ッ!!

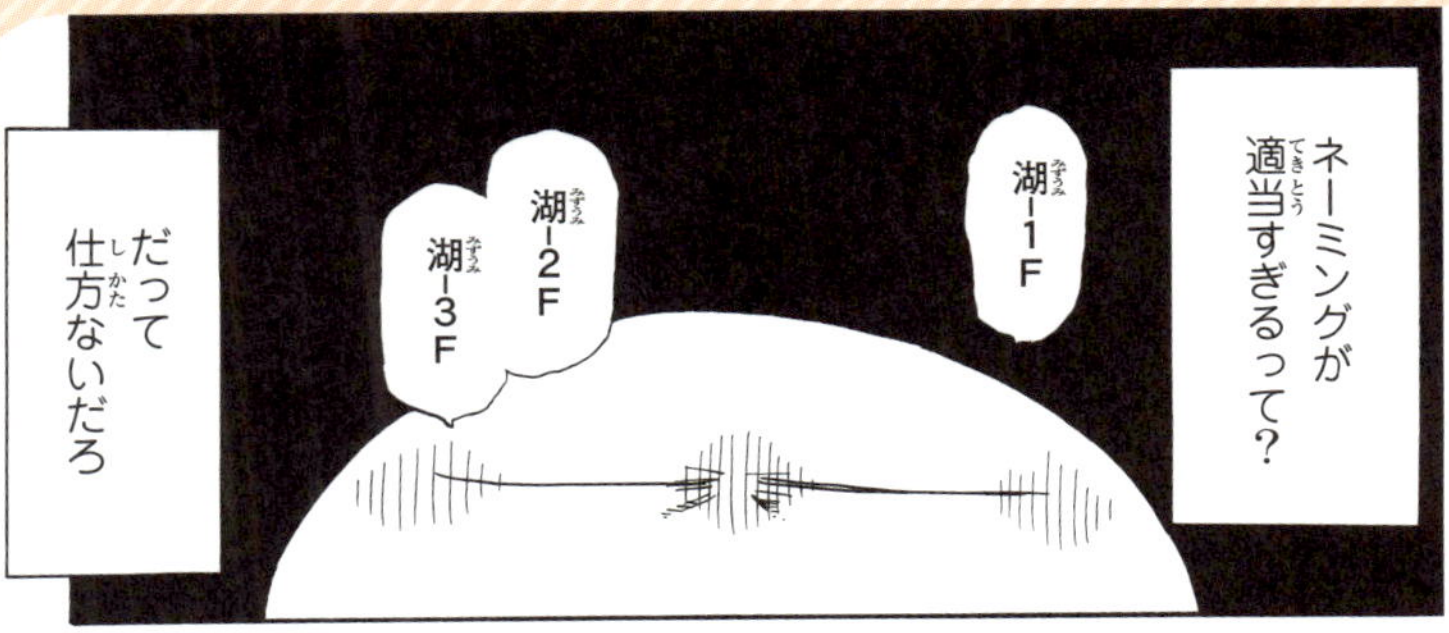
ネーミングが適当《てきとう》すぎるって？
湖《みずうみ》-1F
湖《みずうみ》-2F
湖《みずうみ》-3F
だって仕方《しかた》ないだろ

総数《そうすう》15万《まん》の名付《なづ》けなんだから…
湖-59F
湖-60F
湖-61F
リムル

5巻《かん》／第《だい》27話《わ》

# 青菜《あおな》に塩《しお》

**意味《いみ》**

元気《げんき》がなくて、しょんぼりしている様子《ようす》。

ほうれん草《そう》などの青《あお》い菜《な》っ葉《ば》に塩《しお》をかけると、水分《すいぶん》が外《そと》に出《で》てしおれてしまうことからきているよ。

15万人《まんにん》もの豚頭族《オーク》に名前《なまえ》をつけなければいけなくなったリムルはげんなり。名前《なまえ》のつけ方《かた》も適当《てき》になっていきました。

# 案《あん》ずるより産《う》むが易《やす》い

**意味《いみ》**

あれこれ心配《しんぱい》するよりも、やってみると、けっこうかんたんにできてしまうということ。

女性《じょせい》が子《こ》どもを妊娠《にんしん》しているときはいろいろ心配《しんぱい》するけど、いざ産《う》んでみると案外大丈夫《あんがいだいじょうぶ》ということからきているよ。

リムルから大《おお》きな仕事《しごと》を任《まか》されたゲルドは、自分《じぶん》にこなせるか不安《ふあん》に。でも、リムルに勇気《ゆうき》づけられて目《め》に光《ひかり》がもどりました。

お前《まえ》には人《ひと》を従《したが》える力《ちから》がある
ここで多種多様《たしゅたよう》な魔人《まじん》を従《したが》えることでその力《ちから》は　より研《と》ぎ澄《す》まされるだろう
慌《あわ》てる必要《ひつよう》はない
今《いま》までの経験《けいけん》を生《い》かして
お前《まえ》の言葉《ことば》で新《あたら》しい仲間《なかま》を従《したが》えて欲《ほ》しい

20巻《かん》／第《だい》91話《わ》

魔王《まおう》リムルを討《う》つのだ
!!

20巻《かん》／第《だい》92話《わ》

# 言《い》うは易《やす》く行《おこな》うは難《かた》し

**意味《いみ》**

口《くち》でいうだけならかんたんだけど、やってみようとするとむずかしいということ。

七曜《しちよう》の老師《ろうし》からリムルを倒《たお》すようにいわれた聖騎士《ホーリーナイト》のレナード。そんなに簡単《かんたん》にいくのでしょうか……。

# いずれ菖蒲《あやめ》か杜若《かきつばた》

意味《いみ》

どちらもすばらしくて、すぐに見分《みわ》けたり選《えら》んだりできないこと。

菖蒲《あやめ》と杜若《かきつばた》はすごくよく似《に》ている花《はな》で、どっちも同《おな》じくらい美《うつく》しいことからきているよ。

「諦《あきら》めませんので お覚悟《かくご》して くださいませ」

24巻《かん》／第《だい》106話《わ》

わかりました ベニマル様《さま》 アルビスさんの 挑戦《ちょうせん》を受《う》けて
貴方様《あなたさま》の妻《つま》の座《ざ》を 実力《じつりょく》で獲得《かくとく》して 見《み》せます!!
おぉ〜
いや だから まだ早《はや》い…っ

い

長鼻族《テング》のモミジと、獣王国《ユーラザニア》のアルビス。ふたりから好意《こうい》を寄《よ》せられているベニマルはどちらを選《えら》ぶのでしょうか？

とのことです
いやぁ　モテる男《おとこ》は大変《たいへん》だねぇ…
……

# 一《いち》難《なん》去《さ》ってまた一《いち》難《なん》

**意味《いみ》**

あるトラブルを切《き》り抜《ぬ》けて安心《あんしん》しているところに、またすぐ次《つぎ》のトラブルがやってくること。

豚頭帝《オークロード》を倒《たお》して一安《ひとあん》心《しん》していたリムルでしたが……。

6巻《かん》／第《だい》28話《わ》

ダラーー…
ポヨン ポヨン ポヨ
いやぁ 平和《へいわ》って 素晴《すば》ら
リムル様《さま》 緊急事態《きんきゅうじたい》です
ビクッ

うん 改善点《かいぜんてん》があれば 言《い》って欲《ほ》しいらしい
ガコッ
じっくり 探索《たんさく》しながら 進《すす》も——

26巻《かん》／第《だい》116話《わ》

# 一寸先《いっすんさき》は闇《やみ》

意味《いみ》

ほんの少《すこ》し先《さき》のことでも、まったく予測《よそく》できないこと。

「一寸《いっすん》」はむかしの長《なが》さの単位《たんい》で、だいたい3センチメートルだよ。

地下迷宮《ダンジョン》に挑《いど》む勇者《ゆうしゃ》マサユキたち。でも、入《はい》っていきなり落《お》とし穴《あな》に落《お》ちてしまいました。

# 魚心《うおごころ》あれば水心《みずごころ》

意味《いみ》

相手《あいて》が好意《こうい》を示《しめ》してくれれば、自分《じぶん》も相手《あいて》に好意《こうい》を示《しめ》そうと思《おも》うようになる、ということ。

魚《さかな》が水《みず》に好意《こうい》をもてば、水《みず》も魚《さかな》に好意《こうい》をもつものだ、という意味《いみ》からきているよ。

11巻《かん》／第《だい》49話《わ》

商人《しょうにん》のミョルマイルは「商人《しょうにん》らしいやり方《かた》」で、警備《けいび》の騎士《きし》に疑《うたが》われていたリムルを助《たす》けてくれました。

8巻《かん》／第《だい》36話《わ》

# 嘘《うそ》も方便《ほうべん》

意味《いみ》

うそも、場合《ばあい》によっては必要《ひつよう》なことがあるということ。

「方便《ほうべん》」は仏教《ぶっきょう》のことばで、人々《ひとびと》を救《すく》うための方法《ほうほう》のことだよ。

ことを丸《まる》く収《おさ》めるため、リムルたちは、ほんとうはなにもやっていないヨウムを英雄《えいゆう》に仕立《した》て上《あ》げることにしました。

う

# 鵜《う》のまねをする烏《からす》

意味《いみ》

自分《じぶん》の力《ちから》を知《し》りもしないでほかの人《ひと》をまねしても、失敗《しっぱい》するだけだということ。

ウは水《みず》に潜《もぐ》って魚《さかな》をとるのが上手《じょうず》な鳥《とり》。姿《すがた》が似《に》ているだけのカラスがウのまねをして魚《さかな》をとろうとしても、おぼれてしまうという意味《いみ》からきているよ。

反乱《はんらん》を起《お》こして、首領《しゅりょう》である父《ちち》の水渦槍《ボルテクススピア》を手《て》に入《い》れた蜥蜴人族《リザードマン》のガビルは、自分《じぶん》の力《ちから》で戦《たたか》いを終《お》わらせようとします。

ま待《ま》て息子《むすこ》よ!!
勝手《かって》なことは許《ゆる》さん!

これは親父殿《おやじどの》の…


4巻《かん》／第《だい》19話《わ》

リムル様《さま》がお願《ねが》いがあるそうっす
うおあぁっ!?
たゅッ

9巻《かん》／第《だい》43話《わ》

# 噂《うわさ》をすれば影《かげ》がさす

**意味《いみ》**

だれかのうわさ話《ばなし》をしていると、その人《ひと》がその場《ば》にやってくる、ということ。

冒険者《ぼうけんしゃ》のギドたちがリムルの話《はなし》をしていたら、影《かげ》のなかから、リムルの命令《めいれい》を受《う》けたゴブタがいきなり出《で》てきました。

# 絵《え》に描《か》いた餅《もち》

え

**意味《いみ》**

なんの役《やく》にも立《た》たないもの、こと。実現《じつげん》できなそうな計画《けいかく》のこと。

モチの絵《え》を描《か》いても、実際《じっさい》には食《た》べられないことからきているよ。

自分《じぶん》に都合《つごう》のよい、新《あたら》しい魔王《まおう》を生《う》み出《だ》そうとしていたクレイマンの計画《けいかく》は、リムルの活躍《かつやく》によって失敗《しっぱい》。引《ひ》き続《つづ》き計画《けいかく》をねっているようですが、うまくいくのでしょうか。

ひとまず計画《けいかく》は頓挫《とんざ》したわけですが…
フッ
少々《しょうしょう》軌道《きどう》を修正《しゅうせい》してやれば まだチャンスはあります
十大魔王《じゅうだいまおう》が一柱《ひとはしら》
クレイマン
（危険度《きけんど》：災禍級《ディザスター》）

…悪《わる》くない
豚頭帝《オークロード》を失《うしな》ったのは痛手《いたで》ですが
むしろこの展開《てんかい》は理想的《りそうてき》だ
魔王二人《まおうふたり》…上手《うま》くいけば三人《にん》に貸《か》しを作《つく》ることが出来《でき》るのなら
十分《じゅうぶん》にお釣《つ》りが来《く》る

6巻《かん》／第《だい》29話《わ》

# 縁《えん》の下《した》の力《ちから》持《も》ち

意味《いみ》

見《み》えないところで、だれかのためにがんばっていることや、そういう人《ひと》のこと。

ヴェルドラが復活《ふっかつ》したことで、彼《かれ》がリムルを手伝《てつだ》ってくれていたことがわかりました。

お前《まえ》がホイホイ名付《なづ》けても無事《ぶじ》だったのは
足《た》りない分《ぶん》の魔素《まそ》を我《われ》から奪《うば》っておったからなのだぞ
え？

16巻《かん》／第《だい》71話《わ》

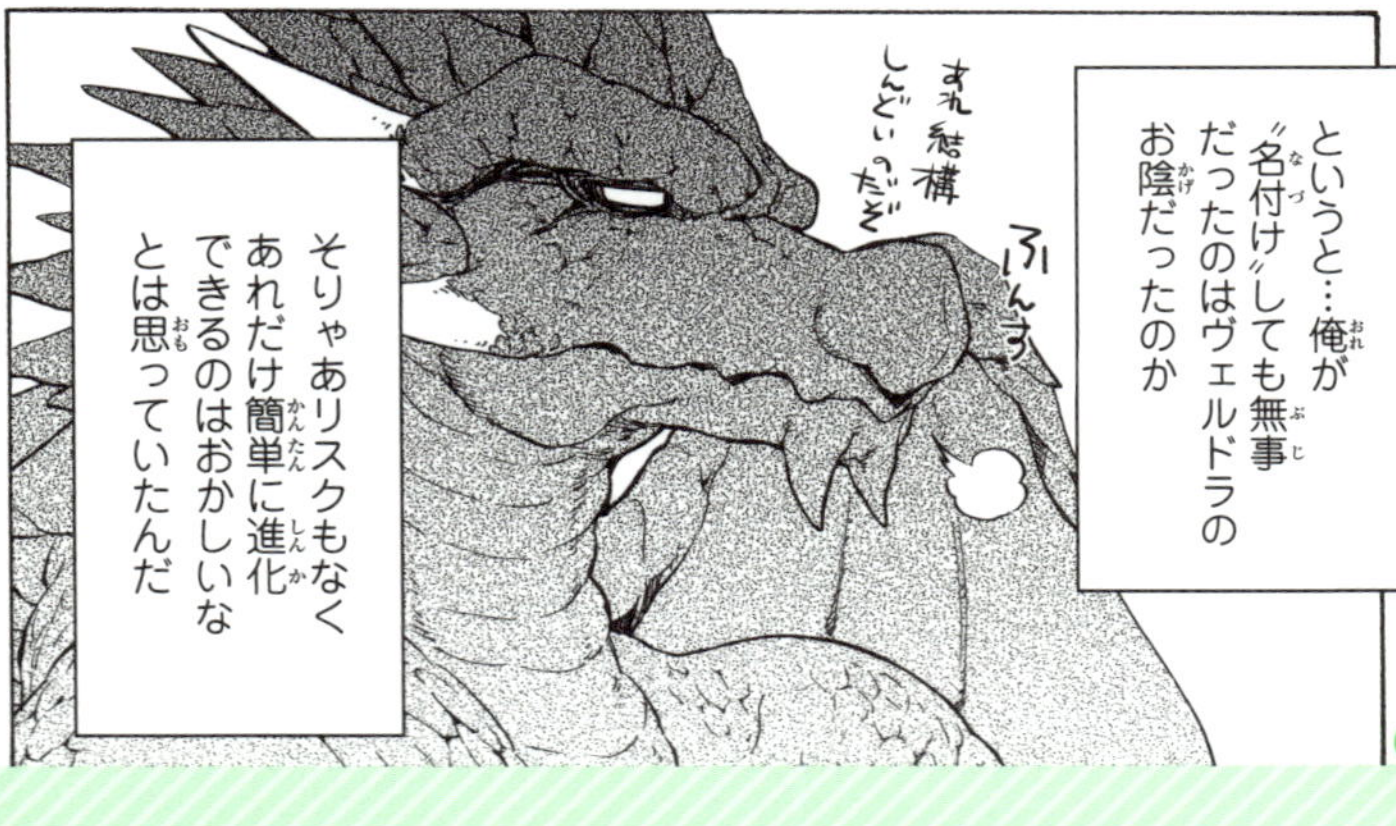
というと…俺《おれ》が〝名付《なづ》け〟しても無事《ぶじ》だったのはヴェルドラのお陰《かげ》だったのか
あれ結構しんどいのだぞ
ふんす
そりゃあリスクもなくあれだけ簡単《かんたん》に進化《しんか》できるのはおかしいなとは思《おも》っていたんだ

「大船《おおぶね》に乗《の》ったつもりで任《まか》せてくれ!!」だそうっす!
引《ひ》き受《う》けてくれたか

9巻《かん》／第《だい》43話《わ》

# 大船《おおぶね》に乗《の》る

意味《いみ》

信頼《しんらい》できるものにぜんぶ任《まか》せて、安心《あんしん》すること。

沈没《ちんぼつ》しそうにない大《おお》きな船《ふね》に乗《の》ったようだ、というたとえからきているよ。

リムルが人間《にんげん》の国《くに》に行《い》くのを手《て》伝《つだ》ってくれることになったカバル、ギド、エレン。果《は》たして頼《たよ》りになるのでしょうか。

# 鬼《おに》に金棒《かなぼう》

**意味《いみ》**

そのままでも強《つよ》いのに、さらに強《つよ》いものが加《くわ》わること。

もともと怪力《かいりき》の鬼《おに》が、金棒《かなぼう》という武器《ぶき》をもってさらに強《つよ》くなることからきているよ。

持《も》ち主《ぬし》といっしょに進化《しんか》し続《つづ》ける愛刀《あいとう》〝剛力丸《ごうりきまる》〟をもった悪鬼《オニ》のシオンは、向《む》かうところ敵《てき》なしです。

21巻《かん》／第《だい》93話《わ》

私《わたし》は悪鬼《オニ》なのだよ
だから お前《まえ》たちが考《かんが》えているよりも優《やさ》しくないぞ?

お

お

# 溺《おぼ》れる者《もの》は藁《わら》をも掴《つか》む

意味《いみ》

すごく困《こま》っている人《ひと》は、頼《たよ》りにならなそうなものにも助《たす》けを求《もと》めてしまうということ。

おぼれそうになっている人《ひと》は、つかんでも意味《いみ》がないワラでもつかもうとしてしまうという意味《いみ》だよ。

8巻《かん》／第《だい》36話《わ》

獣王国《ユーラザニア》の三獣士《さんじゅうし》のひとりフォビオは、魔王《まおう》ミリムに一《いち》撃《げき》で敗北《はいぼく》。仕返《しかえ》ししたいフォビオに怒った道化《アングリーピエロ》のフットマンが甘《あま》いことばを投《な》げかけます。

力《ちから》が欲《ほ》しいのでしょう？

か

そうなのか?
でもワタシを支配《しはい》するのは無理《むり》なのだ

19巻《かん》／第《だい》84話《わ》

# 飼《か》い犬《いぬ》に手《て》を噛《か》まれる

**意味《いみ》**

親切《しんせつ》にしてあげたり、かわいがったりしていた人《ひと》から、裏切《うらぎ》られたり、ひどい目《め》にあわされたりすること。

魔王《まおう》ミリムを操《あやつ》っているつもりになっていた魔王《まおう》クレイマン。しかし、ミリムがじつは操《あやつ》られているふりをしていたことがわかり、一気《いっき》にピンチになります。

# 火《か》中《ちゅう》の栗《くり》を拾《ひろ》う

意味《いみ》

ほかの人《ひと》のために、危険《きけん》をおかしてなにかをすること。

ヨーロッパのお話《はなし》がもとになったとされているよ。

炎《ほのお》の精霊《せいれい》イフリートが暴走《ぼうそう》し、抑《おさ》えきれなくなるシズ。リムルは危険《きけん》を顧《かえり》みず、迷《まよ》わずに彼女《かのじょ》を助《たす》けようとします。

オサエキレナイ…

ワタシカラ…ハナレテ…

抑《おさ》えきれない？

シズさんは呪《のろ》いと言《い》っていたひょっとして——？

個体名《こたいめい》シズエ・イザワと同化《どう か》しているイフリートが、主導権《しゅどうけん》を取《と》り戻《もど》そうと暴走《ぼうそう》しているようです。

2巻《かん》／第《だい》9話《わ》

やはり
そうか
ぽよっ
心配《しんぱい》するな
シズさん
あんたの呪《のろ》いは
俺達《おれたち》が
解《と》いてやる
任《まか》せろ

# 金《かね》は天下《てんか》の回《まわ》り持《も》ち

**意味《いみ》**

お金《かね》はいろいろな人《ひと》のところを回《まわ》っていくもので、ずっとだれかのところにあるものではない、ということ。

「金《かね》は天下《てんか》の回《まわ》り物《もの》」ともいうよ。

魔導王朝《まどうおうちょう》サリオンの皇帝《こうてい》エルメシアは、金貨《きんか》が足《た》りなくて困《こま》っていたリムルたちをアッサリと助《たす》けてくれました。

26巻《かん》／第《だい》114話《わ》

今《いま》は金貨《きんか》の持《も》ち合《あ》わせが千枚《まい》くらいしかないわねえ
もっと必要《ひつよう》？
いえ十分《じゅうぶん》です
では星金貨《せいきんか》十枚《まい》と両替《りょうがえ》してもらえますか？
いいわよう
ポケットマネーで金貨1000枚て…
マジもんのセレブ

14巻《かん》／第《だい》65話《わ》

# 亀《かめ》の甲《こう》より年《とし》の劫《こう》

**意味《いみ》**

お年寄《としよ》りのもつ知識《ちしき》や経験《けいけん》は大事《だいじ》にしましょうということ。

「甲《こう》」は甲羅《こうら》のこと。「劫《こう》」はすごく長《なが》い時間《じかん》のこと。「年《とし》の功《こう》」とも書《か》くよ。

敵《てき》の魔術師《まじゅつし》ラーゼンとハクロウの鋭《するど》い読《よ》み合《あ》いは、長年《ながねん》の戦《たたか》いの経験《けいけん》があるからこそ。

エレン達《たち》じゃないか!

26巻《かん》／第《だい》116話《わ》

# 可愛《かわい》い子《こ》には旅《たび》をさせよ

意味《いみ》

子《こ》どもがかわいいなら、甘《あま》やかさずに、たいへんなことを経験《けいけん》させたほうが本人《ほんにん》のためになるということ。

ドスッ

愛娘《まなむすめ》のエレンが地下迷宮《ダンジョン》に挑《いど》むことを知《し》ったエラルド公爵《こうしゃく》は、心配《しんぱい》のあまり叫《さけ》びました。

# 堪忍袋《かんにんぶくろ》の緒《お》が切《き》れる

**意味《いみ》**

我慢《がまん》しきれず、怒《いか》りが爆発《ばくはつ》すること。

「緒《お》」はひものこと。「尾《お》」と書《か》くのはまちがいだよ。

仲間《なかま》たちの命《いのち》を奪《うば》われたリムルは、一瞬《いっしゅん》、怒《いか》りで妖気《オーラ》を抑《おさ》えきれなくなりました。

13巻《かん》／第《だい》59話《わ》

# 聞《き》くは一時《いっとき》の恥《はじ》、聞《き》かぬは一生《いっしょう》の恥《はじ》

**意味《いみ》**

知《し》らないことは、その場《ば》で聞《き》いてしまったほうがいいということ。

質問《しつもん》するのは、そのときははずかしいかもしれないけれど、質問《しつもん》せずに知《し》らずにいると、ずっとはずかしいままでいることになる、という意味《いみ》だよ。

みんなが話題《わだい》にしているカリュブディスについて、自分《じぶん》だけが知《し》らないのでちょっと質問《しつもん》しにくいリムルです。

8巻《かん》／第《だい》37話《わ》

…困《こま》ったな　非常《ひじょう》に聞《き》きづらい
ザワ
伝説《でんせつ》では異界《いかい》の魔物《まもの》を従《したが》える能力《のうりょく》があるとか
ザワ
ザワ
魔法《まほう》が通《つう》じないという話《はなし》も聞《き》いたことがあります

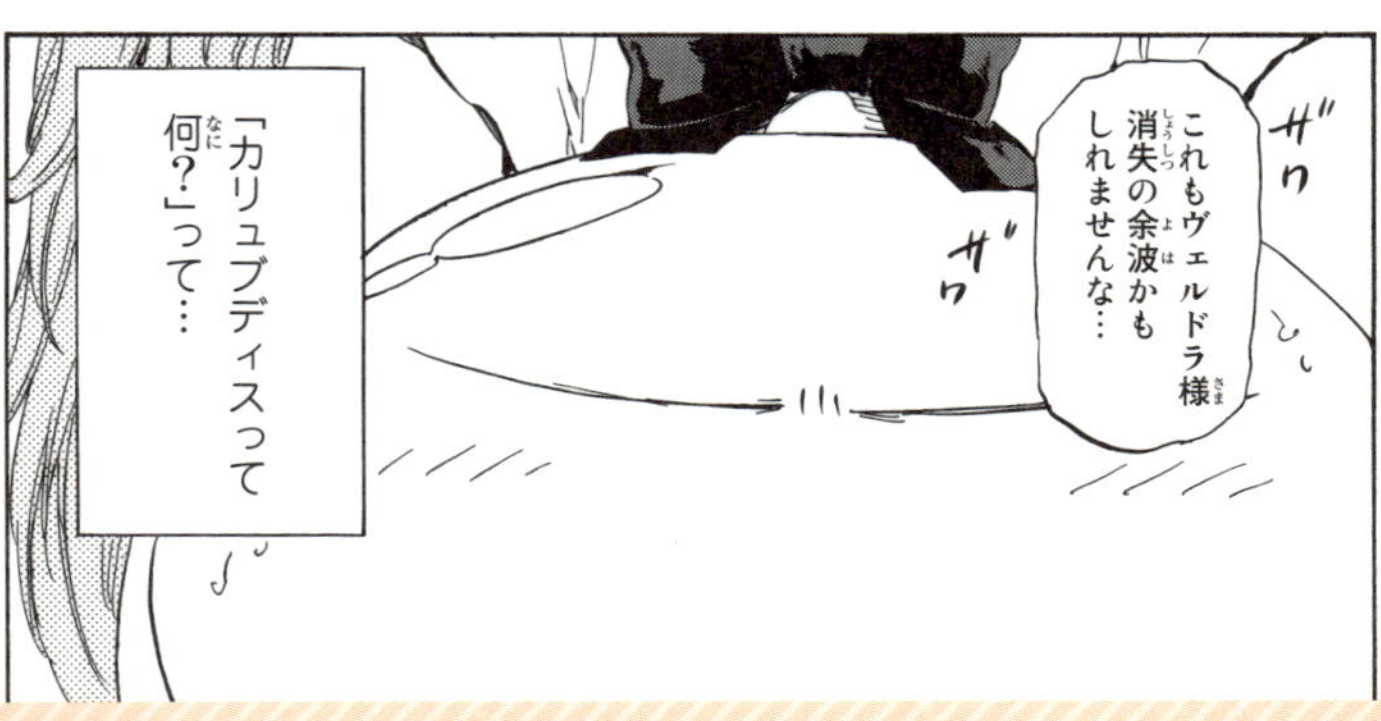
ザワ
これもヴェルドラ様《さま》消失《しょうしつ》の余波《よは》かもしれませんな…
ザワ
「カリュブディスって何《なに》?」って…

き

# 雉《きじ》も鳴《な》かずば打《う》たれまい

**意味《いみ》**

よけいなことをいって、トラブルを招《まね》いてしまうこと。

あっ ジジイも
無事《ぶじ》だったっすか!?
ほっ ほっ ほっ

もう一度《いちど》眠《ねむ》り
たいかの？
良《よ》かった いつもの
やり取《と》りが出来《でき》るくらいには
回復《かいふく》したようだ

13巻《かん》／第《だい》59話《わ》

キジも鳴《な》き声《ごえ》を出《だ》さなければ、猟《りょう》師《し》に見《み》つかって撃《う》たれることもなかったのに……という意味《いみ》だよ。

ハクロウによけいな一言《ひとこと》をいったばかりに、ゴブタは危《あや》うくひどい目《め》にあうところでした。

心臓よ 蘇生せよ《リザレクション》

22巻《かん》／第《だい》97話《わ》

# 九死《きゅうし》に一生《いっしょう》を得《え》る

意味《いみ》

助《たす》かりそうもないところから、奇跡《きせき》的《てき》に助《たす》かること。

七曜《しちよう》によって命《いのち》を奪《うば》われてしまったヒナタを、ルミナス教《きょう》の神《かみ》であり、魔王《まおう》でもあるルミナスが、奇跡《きせき》の力《ちから》で復活《ふっかつ》させました。

# 琴線《きんせん》に触《ふ》れる

意味《いみ》

すばらしいことやものに出会《であ》って感動《かんどう》すること。

「琴線《きんせん》」は琴《こと》という楽器《がっき》の弦《げん》のことで、心《こころ》の奥《おく》にあるものごとに感動《かんどう》する気《き》もちのたとえだよ。

食材《しょくざい》を調理《ちょうり》することに反対《はんたい》する考《かんが》えだった、竜《りゅう》を祀《まつ》る民《たみ》の神官長《しんかんちょう》ミッドレイですが、シュナの料理《りょうり》に込《こ》めた思《おも》いを聞《き》き、ひとくち食《た》べて涙《なみだ》を流《なが》しました。

食《た》べればわかります
どうか一口《ひとくち》だけでも

25巻《かん》／第《だい》110話《わ》

う…美味《うま》いです
ワシが今《いま》まで食《た》べたどのような野菜《やさい》よりも…
このひと匙《さじ》の方《ほう》が味《あじ》わい深《ぶか》い……

# 腐《くさ》っても鯛《たい》

意味《いみ》

もともと価値《かち》があるものは、ひどい状態《じょうたい》になってもそれなりの価値《かち》をもっているということ。

タイはいくら腐《くさ》ってしまっても、タイであることに変《か》わりはないことからきているよ。

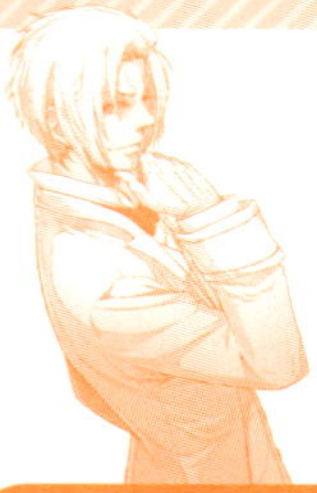

リムルの部下《ぶか》、シオンにボコボコにされた魔王《まおう》クレイマンですが、魔王《まおう》としての能力《のうりょく》はさすがのものでした。

再生能力《さいせいのうりょく》か
腐《くさ》っても魔王《まおう》
さすがにタフだな
きさま…
貴様ああああ

18巻《かん》／第《だい》82話《わ》

正直《しょうじき》なとこ…
お父上《ちちうえ》には荷《に》が重《おも》いんとちゃいます？



4巻《かん》／第《だい》18話《わ》

# 口《くち》も八丁《はっちょう》 手《て》も八丁《はっちょう》

**意味《いみ》**

おしゃべりや行動《こうどう》が、すごくたくみであること。

「八丁《はっちょう》」は、8つの道具《どうぐ》をつかいこなすくらい達者《たっしゃ》だという意《い》味《み》だよ。

口《くち》が達者《たっしゃ》なラプラスは、蜥蜴人族《リザードマン》のガビルをそそのかしました。

け

# 芸《げい》は身《み》を助《たす》ける

意味《いみ》

なにか特技《とくぎ》があると、困《こま》ったときに生活《せいかつ》の助《たす》けになるということ。

異世界《いせかい》からやってきた吉《よし》田《だ》さんは、特別《とくべつ》なスキルではなく、お菓子《かし》づくりの腕《うで》で暮《く》らしています。

23巻《かん》／おまけ

イングラシアで喫茶店《きっさてん》を営《いとな》む異世界人《いせかいじん》
吉田《よしだ》 薫《かおる》
彼《かれ》の作《つく》るケーキは材料《ざいりょう》が満足《まんぞく》に揃《そろ》わないこの世界《せかい》においてもまさしく絶品《ぜっぴん》だ
その腕前《うでまえ》に惚《ほ》れ込《こ》んで何度《なんど》スカウトしても
俺《おれ》はここに店《みせ》を構《かま》えるまでに色《いろ》んな人《ひと》の世話《せわ》になった
質《しつ》のいい製菓材料《せいかざいりょう》を融通《ゆうずう》してくれる旦那《だんな》にゃ感謝《かんしゃ》してるがイングラシアを離《はな》れる訳《わけ》にはいかないな
とにべもない

# 怪我《けが》の功名《こうみょう》

意味《いみ》

失敗《しっぱい》したと思《おも》ったことが、予想外《よそうがい》によい結果《けっか》になること。

「功名《こうみょう》」は手柄《てがら》を立《た》てて名誉《めいよ》を得《え》ることだよ。

商人《しょうにん》ミョルマイルの護衛《ごえい》を任《まか》されたゴブエモンですが、すべてひとりでやろうとして失敗《しっぱい》。でもそれがきっかけで、仲間《なかま》と協力《きょうりょく》することの大切《たいせつ》さに気《き》づけました。

23巻《かん》／第《だい》105話《わ》

お前《まえ》がより一層《いっそう》成長《せいちょう》することを期待《きたい》してるよ
もちろん両腕《仲間と》でな

…チビッ娘《こ》？
それはまさかワタシの事《こと》か？
えっ

6巻《かん》／第《だい》31話《わ》

# 逆鱗《げきりん》に触《ふ》れる

意味《いみ》

自分《じぶん》よりえらい人《ひと》をすごく怒《おこ》らせること。

竜《りゅう》のあごの下《した》にはさかさに生《は》えているうろこがあって、人《ひと》がこれにさわると竜《りゅう》が怒《おこ》ってその人《ひと》を殺《ころ》してしまうというお話《はなし》からきているよ。

魔王《まおう》ミリムをチビッ娘《こ》扱《あつか》いするのは、絶対《ぜったい》にやってはいけないことのようです。

ちゃんとリムル様《さま》の護衛《ごえい》を務《つと》めたのでしょうねシオン殿《どの》？
当然《とうぜん》です！
第二秘書《だいひしょ》など必要《ひつよう》ないのだと証明《しょうめい》されました
ヂチチィ
ほう？それはそれは
あーホラホラ早速《さっそく》ケンカするんじゃない

け

20巻《かん》／第《だい》88話《わ》

# 犬猿《けんえん》の仲《なか》

意味《いみ》

すごく仲《なか》が悪《わる》い人同士《ひとどうし》のこと。

イヌとサルは仲《なか》が悪《わる》いとされていることからきているよ。

リムルの秘書《ひしょ》としてふさわしいのはどちらなのか、シオンとディアブロはよく張《は》り合《あ》います。

こ

# 後悔先《こうかいさき》に立《た》たず

意味《いみ》

やってしまったことを後悔《こうかい》しても取《と》り返《かえ》しがつかない、ということ。

13巻《かん》／第《だい》62話《わ》

自分《じぶん》がつくったルールのせいで、仲間《なかま》たちが反撃《はんげき》できないまま倒《たお》されてしまったことに、リムルは苦《くる》しみました。

「人間《にんげん》を襲《おそ》わない」というルールも
そういう理由《りゆう》で作《つく》った
人間《にんげん》が好《す》きだと言《い》ったのも元人間《もとにんげん》だからだ
今更後悔《いまさらこうかい》しても取《と》り消《け》すことは出来《でき》ない
でも
そのルールのせいでお前達《まえたち》が傷《きず》つくのは
俺《おれ》の本意《ほんい》じゃなかったんだ

# 郷《ごう》に入《い》っては郷《ごう》に従《したが》う

**意味《いみ》**

ちがう土地《とち》に行《い》ったら、その場所《ばしょ》のルールにしたがったほうがいいということ。

すき焼《や》きのとき、肉《にく》に生卵《なまたまご》をからめて食《た》べる魔国連邦《テンペスト》の風習《ふうしゅう》に、よそから来《き》た聖騎士《ホーリーナイト》たちは驚《おどろ》きました。

そこに肉《にく》を入《い》れ
卵《たまご》と絡《から》めて
喰《く》らう
え!?

た…卵《たまご》を生《なま》で
食《しょく》すのですか?
そうだぞ
これが ものすごく
合《あ》うのだ

22巻《かん》／第《だい》101話《わ》

こ

# 虎《こ》穴《けつ》に入《い》らずんば虎《こ》子《じ》を得《え》ず

魔王達の宴《ワルプルギス》に参加《さんか》するつもりなの？

魔王達の宴《ワルプルギス》には当然《とうぜん》クレイマンも来《く》るんだろ？
こっちから出向《でむ》いてみるのも面白《おもしろ》いかと思《おも》ってさ

17巻《かん》／第《だい》76話《わ》

意味《いみ》

危険《きけん》をおかさないと、いいものは手《て》に入《はい》らないということ。

「トラの子《こ》どもを手《て》に入《い》れるためには、トラの潜《ひそ》んでいる洞窟《どうくつ》に入《はい》らないといけない」という意味《いみ》で、中国《ちゅうごく》の歴史書《れきししょ》に出《で》てくることばだよ。

リムルは魔王《まおう》クレイマンと対決《たいけつ》するため、いろいろな危険《きけん》があることを知《し》りつつも、魔王達の宴《ワルプルギス》への参加《さんか》を決《き》めました。

# 転《ころ》ばぬ先《さき》の杖《つえ》

**意味《いみ》**

失敗《しっぱい》しないように、しっかり準備《じゅんび》しておいたほうがいいということ。

魔王《まおう》になるための儀式《ぎしき》に臨《のぞ》む前《まえ》に、リムルは信頼《しんらい》できるベニマルに、もしものことがあったときにやってほしいことを指示《しじ》しておきました。

14巻《かん》／第《だい》64話《わ》

全《すべ》てが片付《かたづ》いた後《あと》
もしも俺《おれ》が理性《りせい》のない
化け物《魔王》になっていたら
戦《たたか》える者《もの》を指揮《しき》して
速《すみ》やかに処分《しょぶん》してくれ
ぐッ…

たった一人《ひとり》の魔人《まじん》に
殲滅《せんめつ》させられるとは…
所詮《しょせん》は脆弱《ぜいじゃく》な
人間《にんげん》の軍隊《ぐんたい》か！
パキャア

16巻《かん》／第《だい》72話《わ》

# 策《さく》士《し》策《さく》に溺《おぼ》れる

**意《い》味《み》**

作戦《さくせん》を立《た》てるのが得意《とくい》な人《ひと》は、自分《じぶん》が立《た》てた作戦《さくせん》に頼《たよ》りすぎて、失敗《しっぱい》することがあるということ。

人間《にんげん》の国《くに》・ファルムス王国《おうこく》をけしかけて魔国連邦《テンペスト》をつぶす計画《けいかく》を立《た》てた魔王《まおう》クレイマンですが、リムルの思《おも》いがけない強《つよ》さに動揺《どうよう》します。

さ

# 猿《さる》も木《き》から落《お》ちる

**意味《いみ》**

あることが得意《とくい》な人《ひと》でも、たまには失敗《しっぱい》することがあるということ。

似《に》たことばに「河童《かっぱ》の川流《かわなが》れ」「弘法《こうぼう》にも筆《ふで》の誤《あやま》り」などがあるよ。

潜入《せんにゅう》するのが得意《とくい》なラプラスも、西方聖《せいほうせい》教会《きょうかい》の奥《おく》の院《いん》にはうまく潜《もぐ》り込《こ》むことができませんでした。

16巻《かん》／第《だい》73話《わ》

いやぁ それがなんと…
警備《けいび》が厳重《げんじゅう》過《す》ぎて無理《むり》やったわ!!

# 触《さわ》らぬ神《かみ》に祟《たた》りなし

意味《いみ》

やっかいそうなものにはかかわらないほうが、めんどうなことは避《さ》けられる。よけいなことはしないほうがいい、ということ。

あまりにも強《つよ》すぎるヴェルドラは、神《かみ》として君臨《くんりん》するルミナスですら近《ちか》寄《よ》りたくない存在《そんざい》です。

さ

19巻《かん》／第《だい》87話《わ》

大人《おとな》しくしているのなら下手《へた》に刺激《しげき》しない方《ほう》が賢明《けんめい》でしょう
うむ
各国《かっこく》の信者《しんじゃ》どもには事実《じじつ》のみを告《つ》げよ
暴風竜《ぼうふうりゅう》ヴェルドラが復活《ふっかつ》したとな

良《よ》いかヒナタよ アレは意志《いし》を持《も》つ 自然《しぜん》エネルギーと思《おも》え
並《な》みの剣《けん》では切《き》れず 魔法《まほう》は通用《つうよう》しない
そしてヤツが暴《あば》れた その衝撃波《しょうげきは》は
下手《へた》な魔法《まほう》以上《いじょう》の 破壊力《はかいりょく》を伴《ともな》い地上《ちじょう》を 蹂躙《じゅうりん》するのじゃ

# 三《さん》人《にん》寄《よ》れば文殊《もんじゅ》の知恵《ちえ》

さ

意味《いみ》

特別《とくべつ》かしこい人《ひと》でなくても、3人《にん》集《あつ》まって相談《そうだん》すれば、よいアイディアが出《で》てくるということ。

「文殊《もんじゅ》」は仏教《ぶっきょう》でかしこさをつかさどっている菩薩《ぼさつ》のことだよ。

「甘《あま》いお菓子《かし》がつくれるようになる」というリムルのことばで、シュナ、シオン、ミリムの協力体制《きょうりょくたいせい》ができました（ミリムはとくになにもしないようですが）。

7巻《かん》／第《だい》32話《わ》

さ

明日《あした》からは
お砂糖《さとう》の発見《はっけん》に
全力《ぜんりょく》を尽《つ》くしましょう
いいですね？
シオン

はい シュナ様《さま》
このシオン 一命《いちめい》に
代《か》えましても
砂糖《さとう》を発見《はっけん》して
ご覧《らん》に入《い》れます
うむ
頼《たの》んだのだっ

シズさん
ありがとう
ございました!!
!

し

2巻《かん》／第《だい》11話《わ》

# 親《した》しき仲《なか》に礼儀《れい ぎ》あり

意味《い み》

仲《なか》がいい友《とも》だちでも、きちんと礼儀《れい ぎ》を守《まも》ったほうがいいということ。

旅《たび》を助《たす》けてくれた仲間《なかま》のシズに、エレンたちは最後《さいご》にしっかりお礼《れい》のことばを述《の》べました。

# 鎬《しのぎ》を削《けず》る

**意味《いみ》**

はげしく争《あらそ》うこと。

「鎬《しのぎ》」は刀《かたな》の刃《は》と峰《みね》のあいだの盛《も》り上《あ》がった部分《ぶぶん》。ここが削《けず》れるくらいに切《き》り合《あ》うという意味《いみ》だよ。

15巻《かん》／第《だい》70話《わ》

獣王国《ユーラザニア》の魔王《まおう》カリオンとのはげしい戦《たたか》いのなかで、魔王《おう》ミリムは魔剣《まけん》〝天魔《てんま》〟を抜《ぬ》きました。

# 好《す》きこそものの上手《じょうず》なれ

**意味《いみ》**

好《す》きなものには熱中《ねっちゅう》できるから、すぐうまくなるということ。

歌《うた》がうまかった小人族《ハーフリング》の少年《しょうねん》がオーケストラを率《ひき》いている姿《すがた》を見《み》て、リムルは感心《かんしん》しました。

25巻《かん》／第《だい》111話《わ》

指揮者《しきしゃ》は 確《たし》か「タクト」と名付《なづ》けた小人族《ハーフリング》の少年《しょうねん》だ
町《まち》へやってきた頃《ころ》は 何《なに》をやっても下手《へた》くそで
おぼつかない動《うご》きで 仕方《しかた》なく兵士《へいし》をやっていた訳《わけ》だが
歌《うた》が抜群《ばつぐん》に上手《うま》かった
だから俺《おれ》は 軍楽隊《ぐんがくたい》に推薦《すいせん》したんだけど…
…努力《どりょく》の先《さき》に自分《じぶん》の特技《とくぎ》を見《み》つけた者《もの》は 幸運《こううん》だな

完全回復薬《フルポーション》を売《う》るのは
難《むずか》しいぜ 旦那《だんな》
この薬《くすり》は性能《せいのう》が
良過《よす》ぎるんだよ
気軽《きがる》に使用《しよう》できる
もんじゃねぇし 妥当《だとう》な
値段《ねだん》をつけたら冒険者《ぼうけんしゃ》には
手《て》の出《で》ねぇ金額《きんがく》だ

9巻《かん》／第《だい》43話《わ》

# 過《す》ぎたるは猶及《なおおよ》ばざるが如《ごと》し

**意味《いみ》**

どんなことでも、やりすぎると、不足《ふそく》しているのと同《おな》じようによくないということ。

むかしの中国《ちゅうごく》の孔子《こうし》という人《ひと》のことばが由来《ゆらい》とされているよ。

回復性能《かいふくせいのう》が高《たか》すぎる完全回復薬《フルポーション》で商売《しょうばい》をするのは、かえってうまくいかないようです。

# 捨《す》てる神《かみ》あれば拾《ひろ》う神《かみ》あり

意味《いみ》

世《よ》のなかには自分《じぶん》を見捨《みす》てる人《ひと》もいれば、ぎゃくに親切《しんせつ》にしてくれる人《ひと》もいる、ということ。

異世界《いせかい》からよばれた少年《しょうねん》ケンヤが祈《いの》りを始《はじ》めようとした瞬間《しゅんかん》、光《ひかり》の上位精霊《じょういせいれい》があらわれ、保護《ほご》してくれることになりました。

11巻《かん》／第《だい》52話《わ》

いよー！元気《げんき》かい？
初《はじ》めまして オイラは光《ひかり》の精霊《せいれい》さ！
ポン
なんかでた!!

我《わ》が国《くに》ユーラザニアは一週間後《しゅうかんご》
魔王《まおう》ミリムとの交戦状態《こうせんじょうたい》に入《はい》ります
…何《なん》だって?

12巻《かん》／第《だい》57話《わ》

# 青天《せいてん》の霹靂《へきれき》

**意味《いみ》**

いきなり起《お》こる大事件《だいじけん》のこと。

「霹靂《へきれき》」ははげしい雷《かみなり》のことだよ。

獣王国《ユーラザニア》からの知《し》らせを受《う》けたベニマルとリグルドは衝撃《しょうげき》を受《う》けました。

ゴブリン村

ボロボロだな…

1巻《かん》／第《だい》2話《わ》

# 千里《せんり》の道《みち》も一歩《いっぽ》より起《お》こる

**意味《いみ》**

どんなに大《おお》きなことでも、まずは小《ちい》さなことから始《はじ》まるから、着実《ちゃくじつ》にやったほうがいいということ。

「里《り》」はむかしの距離《きょり》の単位《たんい》だよ。

主人公《しゅじんこう》のリムルははじめ、小《ちい》さなゴブリンの村《むら》を救《すく》いました。

暴風竜《ぼうふうりゅう》ヴェルドラに代《か》わり
このリムル＝テンペストが聞《き》き届《とど》けよう！

せ

# 袖《そで》振《ふ》り合《あ》うも多生《たしょう》の縁《えん》

**意味《いみ》**

道《みち》で服《ふく》のそでがさわっただけのちょっとした出会《であ》いも、なにかのご縁《えん》によって起《お》こっているということ。

「多生《たしょう》」は仏教《ぶっきょう》のことば。「多少《たしょう》の縁《えん》」と書《か》くのは、まちがいだよ。

2巻《かん》／第《だい》8話《わ》

たまたま出会《であ》ったリムルとシズエ。でもふたりには、日本出身《にっぽんしゅっしん》という共通点《きょうつうてん》がありました。

助《たす》かったよ
ありがとう
…思《おも》ったより早《はや》く出会《であ》ったな
運命《うんめい》の人《ひと》…

故郷《こきょう》はどこ?
スライムさん
…日本《にほん》だよ
やっぱり!
そうだと思《おも》った
私《わたし》と同《おな》じだね
会《あ》えて嬉《うれ》しいよ

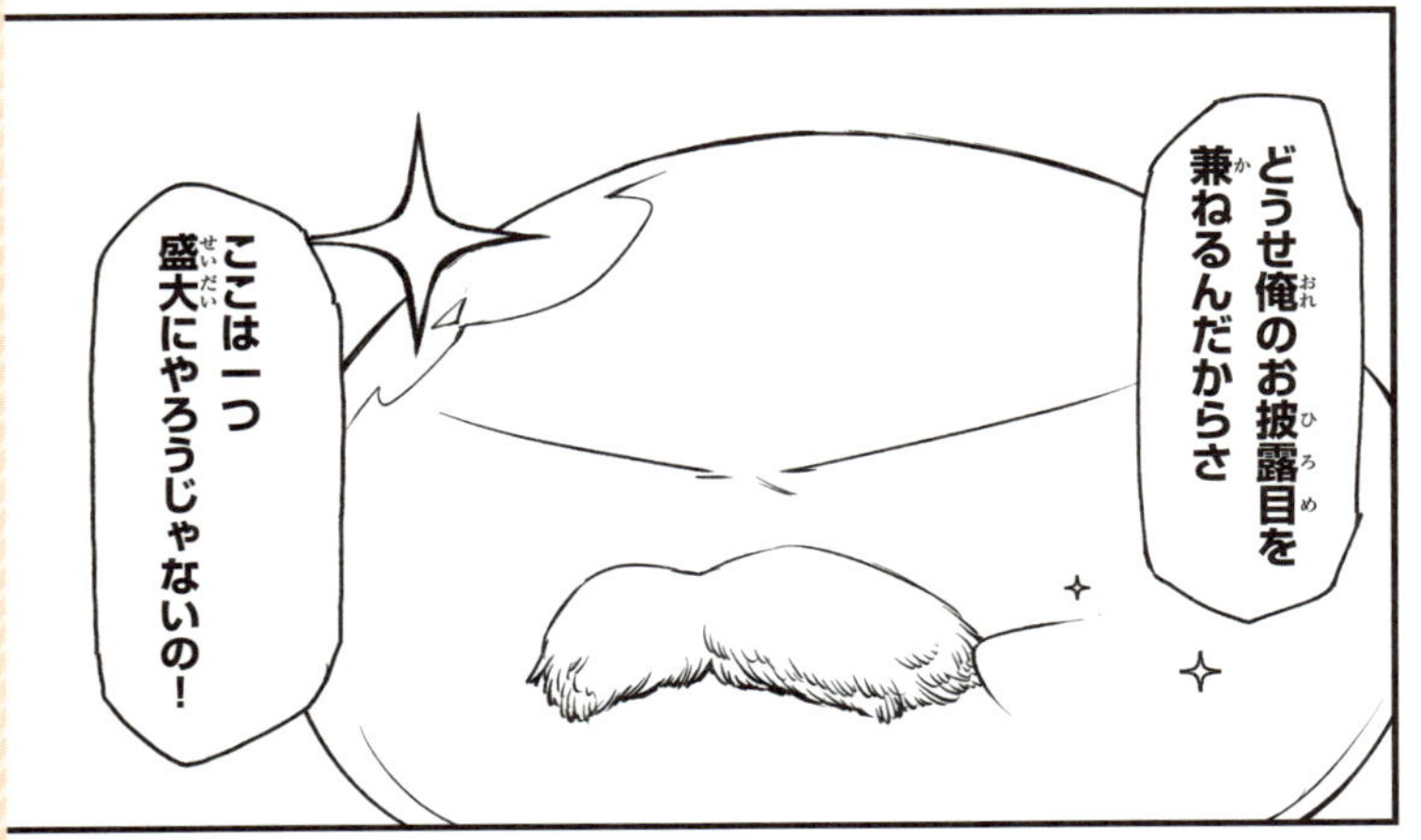
どうせ俺《おれ》のお披露目《ひろめ》を兼《か》ねるんだからさ
ここは一つ盛大《せいだい》にやろうじゃないの！

20巻《かん》／第《だい》89話《わ》

# 大《だい》は小《しょう》を兼《か》ねる

意味《いみ》

大《おお》きいものは、小《ちい》さいものの代《か》わりにもなるということ。

魔王《まおう》になったリムルは、自分《じぶん》のお披露目式《ひろめしき》と仲間《なかま》たちの息抜《いきぬ》きをかねて、盛大《せいだい》なお祭《まつ》りを開《ひら》くことにしました。

# 宝《たから》の持《も》ち腐《ぐさ》れ

**意味《いみ》**

役《やく》に立《た》つものをもっているのに、それをうまくつかっていないこと。

た

たくさんのスキルや耐性《たいせい》を獲得《かくとく》していながら、それをつかいこなせていなかったリムルは、自《じ》分《ぶん》の能力《のうりょく》について勉強《べんきょう》することにしました。

シズさんとイフリートを食《く》ったことにより 俺《おれ》の持《も》つスキルや耐性《たいせい》は結構《けっこう》増《ふ》えた


3巻《かん》／第《だい》12話《わ》

使《つか》いこなせなければ宝《たから》の持《も》ち腐《ぐさ》れ
というわけで勉強《べんきょう》だ
頼《たの》むぞ大賢者《だいけんじゃ》
了《りょう》。

# 高《たか》を括《くく》る

た

意味《いみ》

「大《たい》したことはないだろう」と見《み》くびること。

蜥蜴人族《リザードマン》のガビルをアッサリ倒《たお》したゴブタ。蜥蜴人族《リザードマン》たちは、じつはゴブタこそがリーダーなのだと思《おも》い込《こ》みました。

4巻《かん》／第《だい》18話《わ》

うぬ…すっかり騙《だま》されたわ
どういう事《こと》?
簡単《かんたん》な事《こと》よ 我輩《わがはい》を制《せい》した あの者《もの》こそあの村《むら》の本当《ほんとう》の主《あるじ》に違《ちが》いない
…

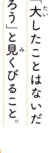

なんと!?

しかし今回《こんかい》は
下手《へた》すれば死《し》ぬと
思《おも》い
急遽《きゅうきょ》 方針転換《ほうしんてんかん》を
決意《けつい》したのだと
ヤバイ ヤバイ ヤバイ
多分《たぶん》だが
もし俺《おれ》と戦《たたか》う
ことになってたら
ペラ ペラ
コイツはパンチ一発《いっぱつ》で
悲惨《ひさん》なことになって
いたと思《おも》う

26巻《かん》／第《だい》115話《わ》

じつは同《おな》じ日本出身《にっぽんしゅっしん》の異世界人《いせかいじん》だとリムルに明《あ》かされた勇者《ゆうしゃ》マサユキは、これまでだれにもいえなかった本音《ほんね》を一気《いっき》に話《はな》しはじめました。

# 立《た》て板《いた》に水《みず》

**意味《いみ》**

おしゃべりが達者《たっしゃ》で、べらべら話《はな》すこと。

口《くち》から出《で》ることばを、立《た》てかけた板《いた》を流《なが》れる水《みず》にたとえているよ。

た

# 旅《たび》は道連《みちづ》れ世《よ》は情《なさ》け

意味《いみ》

旅《たび》をするときは仲間《なかま》がいたほうがいい。同《おな》じように、世《よ》のなかを生《い》きていくのにも、仲間《なかま》がいたほうがいい、ということ。

ジュラの大森林《だいしんりん》の調査《ちょうさ》を命《めい》じられたカバル、ギド、エレンの3人《にん》に、シズが声《こえ》をかけてきました。

私《わたし》の名《な》はシズ――
もし迷惑《めいわく》でなければ
同行《どうこう》させて貰《もら》えないかな?

2巻《かん》／第《だい》7話《わ》

# 短気《たんき》は損気《そんき》

意味《いみ》

すぐに怒《おこ》る短気《たんき》な人《ひと》は、自分《じぶん》にとって損《そん》になることを招《まね》いてしまうということ。

10巻《かん》／第《だい》46話《わ》

リムルと同《おな》じく異世界《いせかい》からやってきたユウキ・カグラザカは、リムルがシズを食《た》べたと聞《き》いて、おもわず襲《おそ》いかかってしまいました。

…落《お》ち着《つ》けよ 自由組合総帥《グランドマスター》
事情《じじょう》も聞《き》かず 殺《ころ》そうとするなんて
立場的《たちばてき》にも マズイんじゃ ねえの？

ち

16巻《かん》／第《だい》72話《わ》

# 竹馬《ちくば》の友《とも》

**意味《いみ》**

小《ちい》さいころからの友《とも》だちのこと。

「小《ちい》さいときに、いっしょに竹馬《たけうま》に乗《の》ってあそんだ友《とも》だち」という意味《いみ》だよ。

新《あたら》しい世界《せかい》で初《はじ》めて友《とも》だちになったヴェルドラは、リムルにとっては竹馬《ちくば》の友《とも》といえるのかもしれません。

# 月《つき》と鼈《すっぽん》

18巻《かん》／第《だい》81話《わ》

いいえ…
ただの腐肉竜《ドラゴンゾンビ》ではありません

死《し》せる魔物《まもの》の頂点《ちょうてん》
死霊竜《デス・ドラゴン》です！

## 意味《いみ》

似《に》ているけれど、比《くら》べられないいくらいちがっていることのたとえ。

月《つき》もスッポンも丸《まる》いかたちだけど、ぜんぜんちがうという意味《いみ》からきているよ。

腐肉竜《ドラゴンゾンビ》と死霊竜《デス・ドラゴン》は姿《すがた》が似《に》ていても、その強《つよ》さはケタちがい。

# 罪《つみ》を憎《にく》んで人《ひと》を憎《にく》まず

**意味《いみ》**

おかした罪《つみ》はにくむべきだけど、罪《つみ》をおかしたその人《ひと》をにくんではいけないということ。

むかしの中国《ちゅうごく》の孔子《こうし》という人《ひと》のことばが由来《ゆらい》とされているよ。

13巻《かん》／第《だい》61話《わ》

なんで生《い》きて…
!?
ああ うん 三秒《びょう》ほどは
死《し》んだんじゃない?
三秒《びょう》…?

敵《てき》のスパイだったミュウランの命《いのち》を奪《うば》ったかに見《み》えたリムルの行動《こうどう》。じつは心臓《しんぞう》をつくり変《か》えて、彼女《かのじょ》を自由《じゆう》にしてあげていたのでした。

# 出《で》る杭《くい》は打《う》たれる



意味《いみ》

ずば抜《ぬ》けて活躍《かつやく》している人《ひと》は、ほかの人《ひと》にねたまれてじゃまされやすいということ。

1本《ぽん》だけ高《たか》くなった杭《くい》は、トンカチなどで打《う》たれて、ほかの杭《くい》と高《たか》さをそろえられるということからきているよ。

25巻《かん》／第《だい》112話《わ》

人《ひと》というのは実《じつ》に不思議《ふしぎ》な生《い》き物《もの》です
協力《きょうりょく》しなければ生《い》きていけぬくせに仲間内《なかまうち》で上下関係《じょうげかんけい》を決《き》めたがる
弱《よわ》くて憐《あわ》れな者達《ものたち》は新参者《しんざんもの》の加入《かにゅう》で自《みずか》らの権益《けんえき》が損《そこ》なわれることを恐《おそ》れているのでしょう
そして今回《こんかい》の場合《ばあい》は――
ふむ リムル様《さま》が築《きず》く共栄圏《きょうえいけん》が評議会《ひょうぎかい》の立場《たちば》を脅《おびや》かすと心配《しんぱい》しているのだな
正解《せいかい》です
なるほどな 元《もと》人間《にんげん》としては耳《みみ》の痛《いた》い話《はなし》だ


経済的《けいざいてき》にも大国《たいこく》になりつつある魔国連邦《テンペスト》を警戒《けいかい》して、じゃましようとする人々《ひとびと》もいるようです。

良《い》いだろう もしもその女《おんな》が俺《おれ》に勝《か》てたなら 俺《おれ》はお前《まえ》の舎弟《しゃてい》になってやる
ほ――!? 言《い》ったな 撤回《てっかい》するなよ!?
というわけだ やっちまえミュウラン!
…あのねぇ
ずううう ううう
ほら見《み》やがれ いいザマじゃねぇか!

12巻《かん》／第《だい》53話《わ》

# 蟷螂《とうろう》の斧《おの》

意味《いみ》

弱《よわ》い人《ひと》が、自分《じぶん》より強《つよ》い人《ひと》に戦《たたか》いを挑《いど》もうとすること。

「蟷螂《とうろう》」はカマキリのこと。カマキリが自分《じぶん》よりはるかに大《おお》きなものに、オノのような前足《まえあし》をふりあげて立《た》ち向《む》かうたとえからきているよ。

ミュウランをあなどって勝負《しょうぶ》を仕掛《しか》けた獣王戦士《じゅうおうせんし》団《だん》のグルーシスはすぐに負《ま》けました。

# 取《と》らぬ狸《たぬき》の皮算用《かわざんよう》

意味《いみ》

手《て》に入《はい》るかどうかわからないものを当《あ》てにして、いろいろ計画《けいかく》を立《た》てること。

まだつかまえてもいないタヌキの毛皮《けがわ》が、いくらで売《う》れるか計算《けいさん》するという意味《いみ》からきているよ。

商人《しょうにん》のミョルマイルは、まだ成功《せいこう》するかどうかわからないハンバーガーを売《う》る計画《けいかく》から、もうけ話《ばなし》のにおいをかぎとりました。

19巻《かん》／おまけ

ハンバーガーから香《かお》りますな
山吹色《やまぶきいろ》のい〜い香《かお》りが
——なんてことは無《な》かった
さすが利《り》に敏《さと》い大商人《だいしょうにん》だ

我《われ》はお前《まえ》の業《カルマ》を共《とも》に背負《せお》うと決《き》めていた
暴風竜《ぼうふうりゅう》の威《い》存分《ぞんぶん》に使《つか》うがよい

と

16巻《かん》／第《だい》74話《わ》

# 虎《とら》の威《い》を借《か》る狐《きつね》

意味《いみ》

弱《よわ》い人《ひと》が、強《つよ》い人《ひと》の力《ちから》をつかっていばること。

中国《ちゅうごく》に伝《つた》わる、トラのこわさを利用《りよう》して自分《じぶん》を強《つよ》く見《み》せたキツネの物語《ものがたり》からきているよ。

リムルはいろいろなつじつまを合《あ》わせるため、本《ほん》人《にん》の許可《きょか》を得《え》て、ヴェルドラの名前《なまえ》を利用《りよう》させてもらいました。

包囲網《ほういもう》の中心《ちゅうしん》へ……!

18巻《かん》／第《だい》81話《わ》

# 飛《と》んで火《ひ》に入《い》る夏《なつ》の虫《むし》

**意味《いみ》**

自分《じぶん》から危《あぶ》ない状況《じょうきょう》をつくってしまうこと。

火《ひ》の明《あ》かりに集《あつ》まってきた虫《むし》たちが、その火《ひ》で焼《や》け死《し》んでしまうことからきているよ。

魔王《まおう》クレイマンの領地《りょうち》に入ったシュナ、ソウエイ、ハクロウは、いつのまにか不死系《アンデッド》魔物たちのなかに誘《さそ》い込《こ》まれていました。

# 情《なさ》けは人《ひと》の為《ため》ならず

**意味《いみ》**

人《ひと》に親切《しんせつ》にしておくと、その親切《しんせつ》がいつか自分《じぶん》にもどってくるということ。

「親切《しんせつ》にすると相手《あいて》のためにならない」という意味《いみ》でつかうのはまちがいだよ。

親切《しんせつ》にリムルを助《たす》けてくれた魔導王朝《まどうおうちょう》サリオンの皇帝《こうてい》エルメシアですが、ただただ親切《しん》切《せつ》なだけではないみたいです。

26巻《かん》／第《だい》114話《わ》

相手《あいて》を従《したが》えたい場合《ばあい》
恐怖《きょうふ》や威圧《いあつ》といった強硬的《きょうこうてき》な手段《しゅだん》よりも恩《おん》を売《う》る方《ほう》が何倍《なんばい》も成功率《せいこうりつ》が高《たか》いって話《はなし》

ということは
コイツもまた…
髪色《かみいろ》から察《さっ》するに
原初《げんしょ》の〝黒《ノワール》〟……！

21巻《かん》／第《だい》94話《わ》

# 名《な》は体《たい》を表《あらわ》す

**意味《いみ》**

人《ひと》やものの名前《なまえ》は、そのほんとうの姿《すがた》をあらわしたものだということ。

いまひとつ正体《しょうたい》がわからなかった悪魔《あくま》のディアブロですが、髪《かみ》の色《いろ》から悪魔討伐者《デーモンハンター》のリーダーは察《さっ》したようです。

# 苦虫《にがむし》を噛《か》みつぶしたよう

に

意味《いみ》

すごくにがにがしい顔《かお》つきのこと。

「苦虫《にがむし》」はかんだら苦《にが》いとされる想像上《そうぞうじょう》の虫《むし》だよ。

もともとルミナス教《きょう》の高僧《こうそう》だったアダルマンは、七曜《しちよう》のことを思《おも》い出《だ》すだけで機嫌《きげん》が悪《わる》くなるようです。

20巻《かん》／第《だい》91話《わ》

偉大《いだい》なる英雄《えいゆう》(笑)ルベリオスの最高顧問《さいこうこもん》とされる老人《ろうじん》どもです 今《いま》もご存命《ぞんめい》しやがっていることでしょう
嫌《きら》いなんだな

# 逃《に》げるが勝《か》ち

に

意味《いみ》

戦《たたか》わないで逃《に》げたほうが、トクをする場合《ばあい》があるということ。よけいな争《あらそ》いはしないほうがいいということ。

19巻《かん》／第《だい》85話《わ》

神殿《しんでん》に潜《もぐ》り込《こ》んだラプラスは聖騎士団《クルセイダーズ》の団長《だんちょう》、ヒナタに見《み》つかったのですぐに逃《に》げました。

ヒナタ・サカグチ…!!

サイナラ!!

# 二《に》度《ど》あることは三《さん》度《ど》ある

**意味《いみ》**

2回《かい》起《お》こったことは、3回目《かいめ》も起《お》こるかもしれないから注意《ちゅうい》したほうがいいということ。

カバル、ギド、エレンはまたしても森《もり》のなかで魔物《まもの》に追《お》いかけられていました。

なんでこんな目《め》にいいいいいいっ
お前《まえ》が槍脚鎧蜘蛛《ナイトスパイダー》の巣《す》を面白半分《おもしろはんぶん》につっついたからだろうが!!

7巻《かん》／第《だい》34話《わ》

死《し》んだらカバルの枕元《まくらもと》に出《で》てやるんだからね〜〜〜っ
そりゃ無理《むり》ってもんだ!ってこのやりとり前《まえ》にもしたな!

# 盗人《ぬすっと》猛猛《たけだけ》しい

23巻《かん》／第《だい》103話《わ》

意味《いみ》

悪《わる》いことをしておきながら、平然《へいぜん》として居直《いなお》っていること。

リムルの領地《りょうち》にかってに小屋《こや》を建《た》てた魔王《まおう》ラミリス。とがめられて実力行使《じつりょくこうし》に出《で》ようとしました。

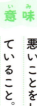

24巻《かん》/第《だい》107話《わ》

# 寝耳《ねみみ》に水《みず》

**意味《いみ》**

いきなりの出来事《できごと》や知《し》らせのこと。

異世界《いせかい》にやってきたばかりのマサユキは、ことばがわかるようになった途端《とたん》、よくわからない状況《じょうきょう》に巻《ま》き込《こ》まれていました。

# 能《のう》ある鷹《たか》は爪《つめ》を隠《かく》す

**意味《いみ》**

実力《じつりょく》がある人《ひと》は、それを得意《とくい》げに見《み》せびらかしたりしないということ。

ずっととぼけた調子《ちょうし》でいたラプラスは、仲間《なかま》のクレイマンが倒《たお》されたことを聞《き》き、魔王《まおう》ルミナスの影武者《かげむしゃ》ロイを一瞬《いっしゅん》で倒《たお》しました。

19巻《かん》／第《だい》85話《わ》

こいつ 只者《ただもの》では――
気付《きづ》くのが ちぃとばかり 遅《おそ》かったな
せや ワイは強《つよ》いんや

10巻《かん》／第《だい》44話《わ》

# 暖簾《のれん》に腕《うで》押《お》し

意味《いみ》

手《て》ごたえや張《は》り合《あ》いがぜんぜんないこと。

のれんを押《お》しても、なんの手《て》ごたえもないことからきているよ。

物理攻撃《ぶつりこうげき》のまったく効《き》かない悪《あく》魔《ま》と初《はじ》めて戦《たたか》ったリムルは、手《て》ごたえのなさに驚《おどろ》きました。

# 化《ば》けの皮《かわ》が剥《は》がれる

意味《いみ》

かくしていた本性《ほんしょう》や正体《しょうたい》が見破《みやぶ》られること。

神《かみ》であるルミナスに追及《ついきゅう》された七曜《しちよう》たちは、えらそうな態度《たいど》が一変《いっぺん》。言《い》い訳《わけ》をしますが、ルミナスの怒《いか》りは収《おさ》まりませんでした。

22巻《かん》／第《だい》97話《わ》

七曜《しちよう》よ 此度《こたび》の件《けん》
どのように 言《い》い訳《わけ》するつもりじゃ？

死せる者への祝福《デスブレッシング》!!
ズ ズ ズ

は

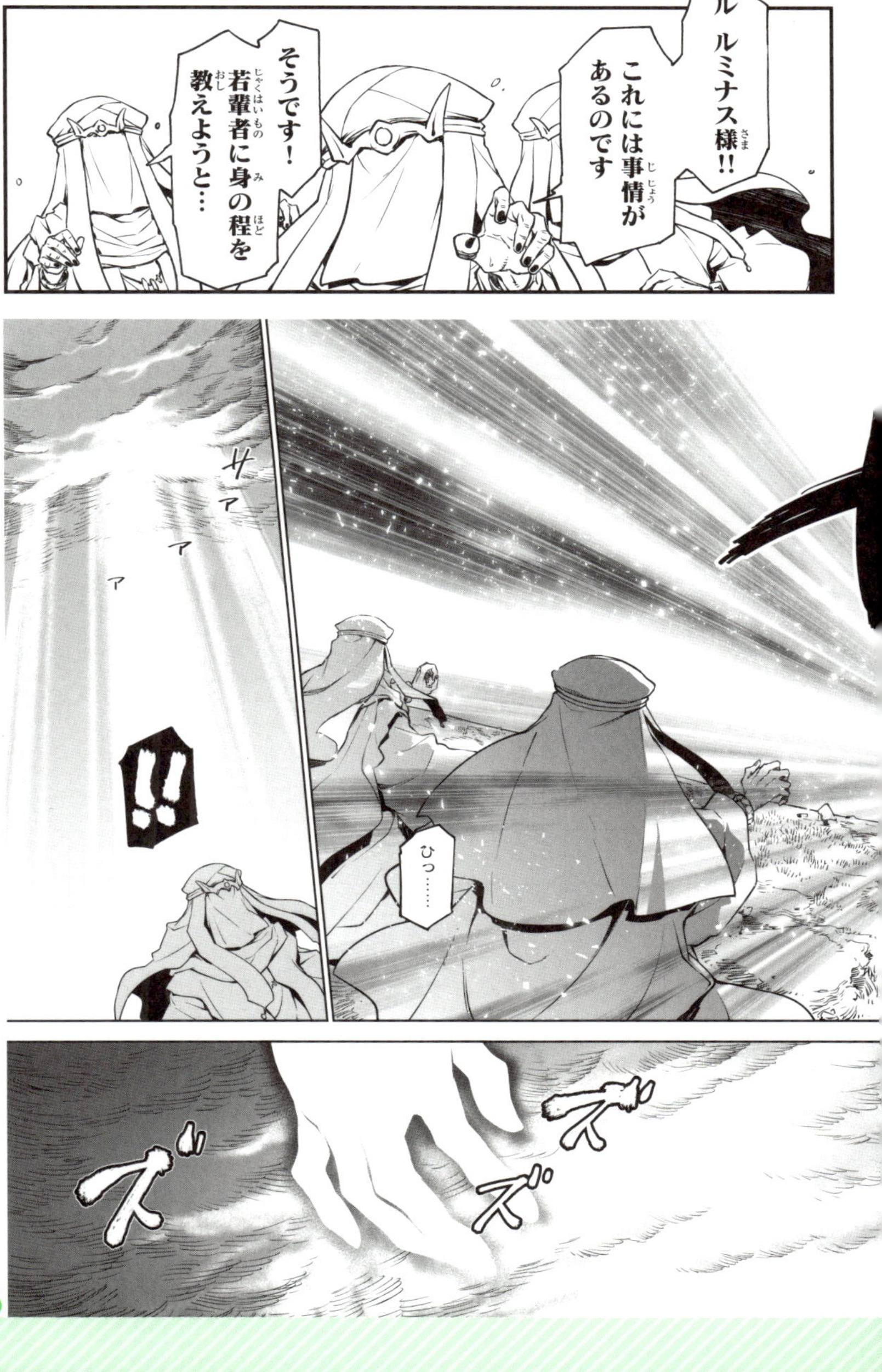
ル　ルミナス様《さま》!!
これには事情《じじょう》があるのです
そうです！若輩者《じゃくはいもの》に身《み》の程《ほど》を教《おし》えようと…
ひっ……
サァァァ
!!
ズズ
ズズ

# 歯《は》に衣《きぬ》着《き》せぬ

意味《いみ》

思《おも》ったことをそのまま口《くち》に出《だ》すこと。

リムルのところにやってきた蜥蜴人族《リザードマン》のソーカの率直《そっちょく》ないい方《かた》に、兄《あに》のガビルはショックを受《う》けました。

6巻《かん》／第《だい》28話《わ》

我輩《わがはい》を慕《した》って付《つ》いて来《き》たのでは…っ
いえ違《ちが》います
キッパリ
私《わたし》一応《いちおう》は兄上《あにうえ》を尊敬《そんけい》しておりますよ
でも それよりもソウエイ様《さま》に憧《あこが》れておりまして…
ガーン

20巻《かん》／第《だい》91話《わ》

# 腹《はら》が減《へ》っては戦《いくさ》はできぬ

**意味《いみ》**

おなかが減《へ》っていると、よいはたらきができないということ。

ブルムンド王国《おうこく》にやってきたヒナタたち聖騎士団《クルセイダーズ》は、まずはラーメンで腹《はら》ごしらえをしました。

22巻《かん》／第《だい》98話《わ》



# 火《ひ》に油《あぶら》を注《そそ》ぐ

**意味《いみ》**

勢《いきお》いのあるものを、もっと勢《いきお》いづかせること。

暴風竜《ぼうふうりゅう》ヴェルドラの雑《ざつ》なあやまり方《かた》のせいで、ますます魔王《まおう》ルミナスを怒《おこ》らせてしまいました。

# 百聞《ひゃくぶん》は一見《いっけん》に如《し》かず

意味《いみ》

人《ひと》から何度《なんど》も聞《き》くより、一度《いちど》自分《じぶん》の目《め》で見《み》たほうがたしかだということ。

豚頭族《オーク》たちとの戦《たたか》いが始《はじ》まったとき、リムルは空《そら》の上《うえ》から状況《じょうきょう》を確認《かくにん》しました。

4巻《かん》／第《だい》21話《わ》

空中散歩《くうちゅうさんぽ》を楽《たの》しみたいが今《いま》はそんな場合《ばあい》じゃないな
大賢者《だいけんじゃ》 魔力感知《まりょくかんち》をマクロにしてくれ
了《りょう》。

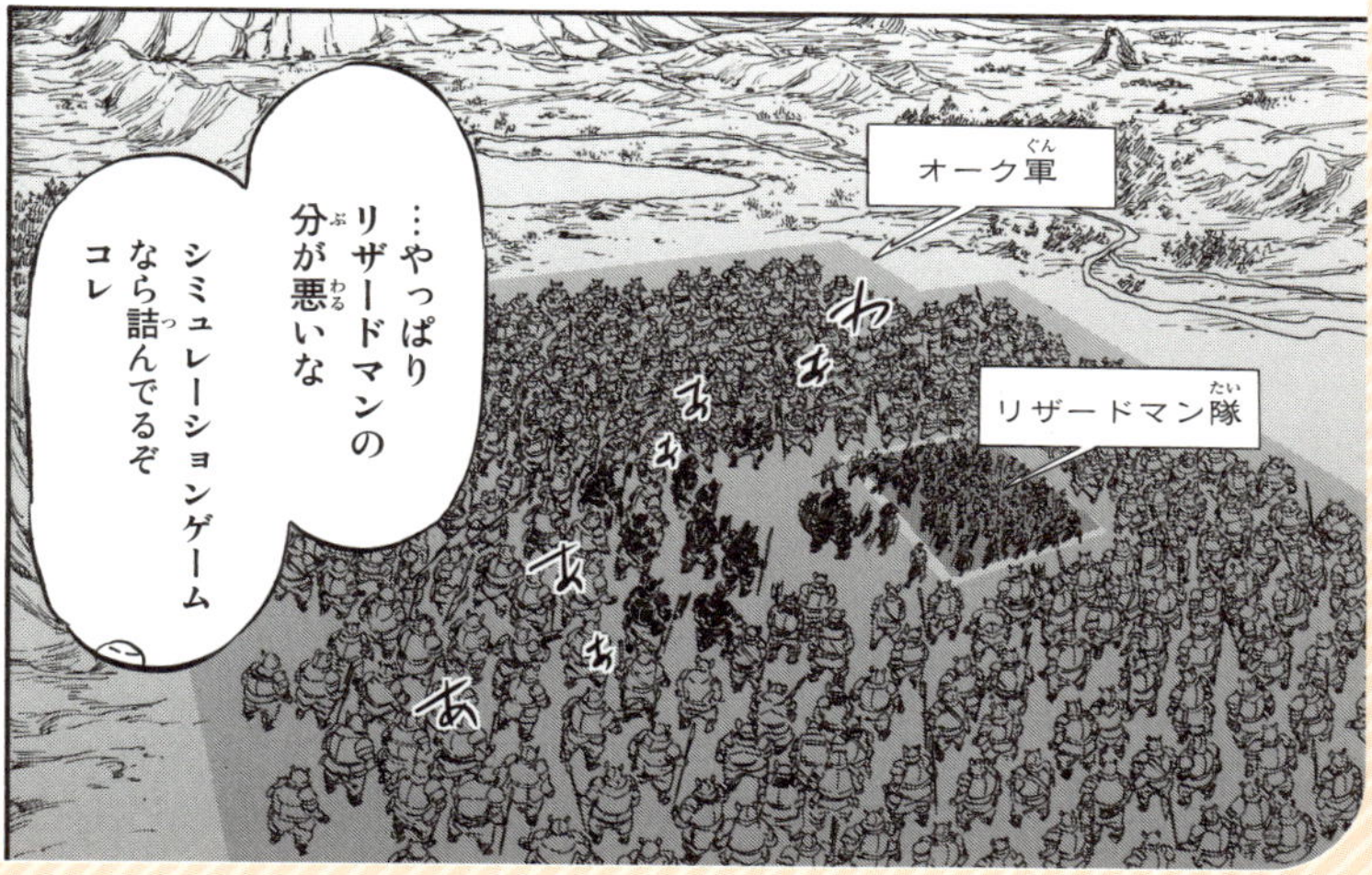
オーク軍《ぐん》
リザードマン隊《たい》
…やっぱりリザードマンの分《ぶ》が悪《わる》いな
シミュレーションゲームなら詰《つ》んでるぞコレ

ひ

# 瓢箪《ひょうたん》から駒《こま》が出《で》る

意味《いみ》

思《おも》いがけないことが起《お》こること。また、冗談《じょうだん》のようにいったことが事実《じじつ》になること。

「駒《こま》」はウマのことで、ヒョウタンのような小《ちい》さなものからウマが飛《と》び出《だ》す、ふつうならあり得《え》ないことからきているよ。

ひ

11巻《かん》／第《だい》52話《わ》

精霊《せいれい》と契約《けいやく》しようとしたクロエですが、なにかとんでもないものがやってきたようです。

え？
精霊《せいれい》…なのか？
否《いな》。
上位精霊《じょういせいれい》と同様《どうよう》の精神体《スピリチュアルボディー》ですが存在力《そんざいりょく》が違《ちが》います。

こ…
魔力弾《これ》…
ゴゴゴ
ゴゴ
ゴ


9巻《かん》／第《だい》40話《わ》

消《け》せないのか？
リムル様避難を…
あ
無理《むり》ですっ
あぁあぁ
といいますかもう気力《きりょく》が限界《げんかい》で…
なにぃーー!?


# 覆《ふく》水《すい》盆《ぼん》に返《かえ》らず

意味《いみ》

一度《いちど》やってしまったことは、もう取《と》り返《かえ》しがつかないということ。

お盆《ぼん》から水《みず》がこぼれたら、その水《みず》を元《もと》どおりにすることはできない、という意味《いみ》だよ。

魔力弾《まりょくだん》を撃《う》とうとしたシオンですが、戦闘《せんとう》を中断《ちゅうだん》されても消《け》すことができずに困《こま》ってしまいました。

# 豚《ぶた》もおだてりゃ木《き》に登《のぼ》る

意味《いみ》

ほめられたり、おだてられたりすれば、能力《のうりょく》以上《いじょう》のことができたりするということ。

ふ

23巻《かん》／第《だい》104話《わ》

そうか 残念《ざんねん》だ
威厳《いげん》があって カッコいいから 適役《てきやく》だと思《おも》ったんだが
って スマンな 邪魔《じゃま》して
じゃあ 俺《おれ》は これで
ぽよ ぽよ
待《ま》て
パタン
貴様《きさま》の頼《たの》みなら 仕方《しかた》ない
話《はなし》を聞《き》こう ではないか
ス
さすがチョロゴンの 異名《いみょう》を持《も》つ ヴェルドラさん
カッコよく チョロいぜ

リムルのことばにすっかり気分《きぶん》がよくなったヴェルドラは話《はなし》を聞《き》く気《き》になりました。

3巻《かん》／第《だい》16話《わ》

# 下《へ》手《た》の横《よこ》好《ず》き

意味《いみ》

下手《へた》なのに、そのことが好《す》きで熱心《ねっしん》なこと。

シオンは料理《りょうり》が好《す》きなようですが、あまり才能《さいのう》はもっていないみたいです。

私《わたし》は力《ちから》に
拘《こだわ》りすぎた
自分《じぶん》に足《た》りないものを
埋《う》めねばならないと
思《おも》っていた
真《しん》なる魔王《まおう》になど
覚醒《かくせい》しなくてもいい
今《いま》だけでいい
ラプラス
フットマン
ティア
カザリーム様《さま》…

19巻《かん》／第《だい》84話《わ》

# 臍《ほぞ》を噛《か》む

意味《いみ》

どうしようもないことを後悔《こうかい》すること。

「臍《ほぞ》」はヘソのこと。自《じ》分《ぶん》のヘソをかもうとしても、届《とど》かなくてイライラすることからきているよ。

リムルに追《お》い詰《つ》められたクレイマンは、最後《さいご》の最後《さいご》にこれまでの自《じ》分《ぶん》の行《おこな》いを振《ふ》り返《かえ》りながら覚悟《かくご》を決《き》め、魔王《まおう》の力《ちから》が覚醒《かくせい》しました。

19巻《かん》／第《だい》85話《わ》

ほ

お前が魔王になるんだ
見《み》よ！
私《わたし》は力《ちから》を――
力《ちから》を手《て》に入《い》れたぞ!!

# 仏《ほとけ》の顔《かお》も三《さん》度《ど》

意味《いみ》

どんなにやさしい人《ひと》でも、何度《なんど》も失礼《しつれい》なことをされると怒《おこ》るということ。

たとえ仏《ほとけ》さまでも、1日《にち》に3回《かい》も顔《かお》をなでられると怒《おこ》りだすという意味《いみ》からきているよ。

22巻《かん》／第《だい》99話《わ》

シュナはメチャクチャ怒《おこ》っているときでも、仏《ほとけ》のような笑顔《えがお》を崩《くず》しません。

わたくしがリムル様《さま》との入浴《にゅうよく》を楽《たの》しみにしているのを知《し》りながら働《はたら》いてる隙《すき》を見《み》て至福《しふく》の時間《じかん》を奪《うば》おうとするとは…
ご誤解《ごかい》だ！俺《おれ》は無実《むじつ》だ！

ほ

馬子《まご》にも衣裳《いしょう》だね
ちゃんと王様《おうさま》してるじゃないか ヨウム・ファルメナス君《くん》
よせよ旦那《だんな》 照《て》れるぜ
やはははっ
誉《ほ》め言葉《ことば》じゃないけどな

ま

24巻《かん》／第《だい》109話《わ》

# 馬《ま》子《ご》にも衣《い》装《しょう》

意《い》味《み》

どんな人《ひと》でも、立派《りっぱ》な服《ふく》を着《き》れば立派《りっぱ》な人《ひと》に見《み》えるということ。

「馬子《まご》」はむかし、ウマに荷物《にもつ》をのせて運《はこ》んだりする仕事《しごと》をしていた人《ひと》のこと。「孫《まご》にも衣装《いしょう》」とするのはまちがいだよ。

もともとファルムス王国《おうこく》の辺境調査団《へんきょうちょうさだん》団長《だんちょう》だったヨウムは、英雄《えいゆう》、国王《こくおう》になり、身《み》なりも立派《りっぱ》になりました。

# 俎《まな》板《いた》の鯉《こい》

意味《いみ》

自分《じぶん》の力《ちから》ではどうすることもできず、ただ相手《あいて》や運命《うんめい》に身《み》を任《まか》せるしかないこと。

まな板《いた》の上《うえ》にのせられてしまったコイは、もう料理《りょうり》されるのを待《ま》つしかないということからきているよ。

リムルのよび出《だ》した悪魔《あくま》ディアブロに助《たす》けてもらうため、ファルムス王国《おうこく》のエドワルド王《おう》はなんでもいうことを聞《き》くしかなくなりました。

21巻《かん》／第《だい》96話《わ》

お前《まえ》は駄目《だめ》だ　エドワルド王《おう》
!?

お願《ねが》いします！何《なに》とぞ どうか何《なに》とぞ！
余《よ》も いや私《わたし》も お救《すく》いください!!
全《すべ》て差《さ》し上《あ》げます！
金《かね》も地位《ちい》も… 王《おう》…王位《おうい》も譲《ゆず》ります！
…王位《おうい》 ですか
そういえば 英雄《えいゆう》ヨウムが 先王《せんおう》エドマリスを 匿《かくま》っていましたね
コッ
コッ
彼《かれ》こそファルムスを 導《みちび》くに相応《ふさわ》しい男《おとこ》だと 思《おも》うのですが
貴方《あなた》は どう考《かんが》えますか？

ま

# 身《み》から出《で》た錆《さび》

意味《いみ》

自分《じぶん》の悪《わる》い行動《こうどう》のせいで、自分《じぶん》が苦《くる》しんでしまうこと。

刀《かたな》から出《で》たサビが、刀自身《かたなじしん》を腐《くさ》らせてしまうことからきているよ。

23巻《かん》／第《だい》103話《わ》

リムルの領土《りょうど》にかってに小屋《こや》を建《た》てたのをリムルに見《み》つかった魔王《まおう》ラミリスは、しどろもどろになりました。

よう ラミリス 久《ひさ》しぶり
あばばばば
あゎあ
あ
あ
わ
あゎ
わぁ
あ
あ
ややっほー 元気《げんき》だったリムル？
とりあえず自分《じぶん》がヤバイ立《た》ち位置《いち》にいることは理解《りかい》しているらしい
ラミリス様《さま》〜〜

み

はい
原料《げんりょう》の地獄蛾《ヘルモス》の繭《まゆ》には
魔素《まそ》がたっぷり
含《ふく》まれているので
とても丈夫《じょうぶ》
なのですよ

み

3巻《かん》／第《だい》16話《わ》

# 水《みず》を得《え》た魚《うお》

意味《いみ》

自分《じぶん》に合《あ》った場所《ばしょ》を見《み》つけて、活躍《かつやく》すること。

「水《みず》を得《え》た魚《うお》のよう」という
いい方《かた》もするよ。

裁縫《さいほう》が得意《とくい》なシュナは、リムルから仲間《なかま》たちの衣服《いふく》の製作《せいさく》を頼《たの》まれると、よろこんで引《ひ》き受《う》けました。

# 目《め》くじらを立《た》てる

意味《いみ》

ほかの人《ひと》の小《ちい》さな欠点《けってん》を見《み》つけて、とがめること。

「目《め》くじら」とは目《め》の端《はし》、目《め》じりのことだよ。

長鼻族《テング》のモミジは、ベニマルとの話《はな》し合《あ》いのなかで、山《やま》にトンネルを掘《ほ》ることを聞《き》いて、それをとがめました。

め

23巻《かん》／第《だい》104話《わ》

待《ま》って
山《やま》に孔《あな》を掘《ほ》る？
本気《ほんき》で言《い》っているの？

じゃ 行《い》こうか クロエ
!
お姫様《ひめさま》だっこ 再《ふたた》び
女《おんな》の子《こ》ってこういうのに 憧《あこが》れたりすんのかな
先生《せんせい》 おもい?
いや 軽《かる》いよ

11巻《かん》／第《だい》52話《わ》

め

# 目《め》は口《くち》ほどにものを言《い》う

**意味《いみ》**

感情《かんじょう》のこめられた目《め》は、口《くち》で話《はな》すのと同《おな》じくらい、相手《あいて》に自分《じぶん》の気《き》もちを伝《つた》えることができるということ。

精霊《せいれい》をよび出《だ》すとき、クロエはお姫様《ひめさま》抱《だ》っこしてほしいことを目《め》でリムルにうったえかけました。

# 餅《もち》は餅《もち》屋《や》

意味《いみ》

なにかをするときは、その道《みち》の専門家《せんもんか》に任《まか》せたほうがいいということ。

やっぱり、モチはおモチ屋《や》さんがついたものがいちばんおいしい、という意味《いみ》からきているよ。

リムルは、研究《けんきゅう》を得意《とくい》とするベスターに、回復薬《ポーション》の開発《はっ》を任《まか》せました。

7巻《かん》／第《だい》32話《わ》

も

そういうのが得意《とくい》な人物《じんぶつ》に任《まか》せている
よう
調子《ちょうし》はどうだ？
ベスター

16巻《かん》／第《だい》73話《わ》

# 桃《もも》栗《くり》三《さん》年《ねん》柿《かき》八《はち》年《ねん》

**意味《いみ》**

芽《め》が出《で》てから実《み》がなるまで、モモとクリは3年《ねん》、カキは8年《ねん》かかるということ。

なにかを成《な》しとげるには、それなりに長《なが》い時間《じかん》がかかるという意味《いみ》でもつかわれるよ。

似合《にあ》ってる言《い》うたらおかしいけど…前《まえ》とイメージが全然《ぜんぜん》違《ちが》いますやん!?
ぶははは
うるさいぞラプラス それが二百年《ねん》ぶりに対面《たいめん》した会長《かいちょう》に対《たい》する態度《たいど》か

10年《ねん》もかけてようやく肉体《にくたい》を手《て》に入《い》れたんだ
多少《たしょう》の不便《ふべん》は我慢《がまん》するさ

かつて倒《たお》された魔王《まおう》カザリームは、10年《ねん》もの時間《じかん》をかけて肉《にく》体《たい》を手《て》に入《い》れ、復活《ふっかつ》しました。

# 諸《もろ》刃《は》の剣《つるぎ》

意《い》味《み》

役《やく》に立《た》つけれど、つかい方《かた》をまちがえると自分《じぶん》が危《あぶ》なくなるようなもののたとえ。

「諸刃《もろは》」は、両側《りょうがわ》に刃《は》がついている剣《けん》のこと。そういう剣《けん》は、つかい方《かた》をまちがえると自《じ》分《ぶん》のことも切《き》ってしまうことからきているよ。

ものすごく強《つよ》そうな悪魔《あくま》を仲間《なかま》にしてもいいものか、リムルは悩《なや》みました。

15巻《かん》／第《だい》69話《わ》

あの者《もの》泣《な》きそうです
えっ!?
先《せん》だってお願《ねが》いしておりました通《とお》り配下《はいか》の末席《まっせき》に加《くわ》えて頂《いただ》きたいのです
配下?
検討《けんとう》して頂《いただ》けないでしょうか?


も

容赦《ようしゃ》ないな 智慧之王《ラファエル》さん…
しかし そうなると このまま帰《かえ》すのも 気《き》がひける
強《つよ》そうだし 叛意《はんい》を持《も》たれたら 危険《きけん》だ
諸刃《もろは》の剣《つるぎ》では あるが…
うーん…
では お前《まえ》の名《な》は 〝ディアブロ〟だ
その名《な》に相応《ふさわ》しく 俺《おれ》の役《やく》に立《た》ってくれ

# 役者《やくしゃ》が揃《そろ》う

や

意味《いみ》

なにかをするのに必要《ひつよう》な人《ひと》が全員《ぜんいん》集《あつ》まること。

魔王《まおう》たちが集《あつ》まり、魔王達の宴《ワルプルギス》が始《はじ》まりました。

18巻《かん》／第《だい》81話《わ》

# 藪《やぶ》から棒《ぼう》

意味《いみ》

なにかをいきなりすること。

ヤブのなかからいきなり棒《ぼう》を突《つ》き出《だ》す様子《ようす》からきているよ。

私《わたし》は〝魔王《まおう》〟の地位《ちい》を返上《へんじょう》させてもらうわ
そしてミリムに仕《つか》えることを認《みと》めてもらいたいの

魔王《まおう》フレイのいきなりの発言《はつげん》に、同《おな》じく魔王《まおう》のミリムは驚《おどろ》いてしまいました。

19巻《かん》／第《だい》86話《わ》

# 藪《やぶ》をつついて蛇《へび》を出《だ》す

意味《いみ》

よけいなことをしたために、悪《わる》いことが起《お》こること。

17巻《かん》／第《だい》79話《わ》

三獣士《さんじゅうし》が筆頭《ひっとう》…

黄蛇角《オウダカク》のアルビス……!!

魔王《まおう》クレイマンの部下《ぶか》ヤムザは逃《に》げようとしましたが、三獣士《さんじゅうし》のアルビスを怒《おこ》らせてしまったようです。

や

# 横《よこ》紙《がみ》破《やぶ》り

**意味《いみ》**

自分《じぶん》の思《おも》いどおりにするために、強引《ごういん》にやること。

横《よこ》には裂《さ》けにくい和紙《わし》を、力《ちから》ずくで横《よこ》に破《やぶ》ることからきているよ。

19巻《かん》／第《だい》86話《わ》

よ

今日《きょう》 新《あら》たな魔王《まおう》として立《た》つリムルよ
君《きみ》に素晴《すば》らしい特権《とっけん》を与《あた》えたい
あ いらないんで遠慮《えんりょ》します

魔王《まおう》ギィは魔王《まおう》たちの新《あたら》しい呼《よ》び名《な》をリムルにつけてもらいたいと、丁寧《ていねい》にお願《ねが》いしました。

短《みじか》すぎる
謙《へりくだ》りすぎる
情《じょう》に訴《うった》えかけすぎる

はっきり言《い》って零点《れいてん》だ

り

9巻《かん》／第《だい》42話《わ》

# 良薬《りょうやく》は口《くち》に苦《にが》し

**意味《いみ》**

自分《じぶん》のためになるアドバイスは受《う》け入《い》れるのがむずかしいということ。

病気《びょうき》によく効《き》く薬《くすり》は苦《にが》くて飲《の》みにくいものだということからきているよ。

緊張《きんちょう》していたリムルのスピーチを聞《き》いたドワルゴンのガゼル王《おう》は、リムルにいろいろとダメ出《だ》しをしました。

15巻《かん》／第《だい》69話《わ》

わ

# 禍《わざわい》を転《てん》じて福《ふく》となす

意味《いみ》

災難《さいなん》にあっても、それをうまくつかって成功《せいこう》のきっかけにすること。

戦争《せんそう》によって多《おお》くの仲間《なかま》を失《うしな》ってしまったリムルでしたが、それがきっかけで自《みずか》ら魔王《まおう》になる決断《けつだん》をし、結果《けっか》として、シオンなどは新《あら》たな力《ちから》を手《て》にすることができました。

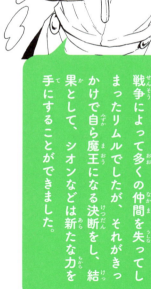

# 渡《わた》りに船《ふね》

**意味《いみ》**

タイミングよく、好都合《こうつごう》なことが起《お》こること。

川《かわ》をわたろうとしたときにちょうど船《ふね》がやってくる、という意味《いみ》からきているよ。

24巻《かん》／第《だい》107話《わ》

リムルが地下迷宮《ダンジョン》のボスをどうしようかと悩《なや》んでいたら、シュナ、ランガ、トレイニーにはそれぞれ、思《おも》い当《あ》たる候《こう》補《ほ》者《しゃ》がいたようです。

リムル様《さま》 ちょうどいい人材《じんざい》に 心当《こころあ》たりがございます
相応《ふさわ》しき者《もの》が おります 我《わ》が主《あるじ》！
あの者《もの》たちに 任《まか》せてみては どうでしょう

わ

# 渡《わた》る世間《せけん》に鬼《おに》はない

**意味《いみ》**

世《よ》のなかには悪《わる》い人《ひと》ばかりではなく、困《こま》ったときに助《たす》けてくれるよい人《ひと》もいるということ。

1巻《かん》／第《だい》1話《わ》

我《わ》が名《な》は暴《ぼう》風《ふう》竜《りゅう》ヴェルドラ

見《み》た目《め》にビビったもののこの竜《りゅう》意外《いがい》と話《はな》し好《ず》きで親切《しんせつ》である
なんとお前《まえ》異世界《いせかい》からの転生者《てんせいしゃ》か
そうなんすよ超大変《ちょうたいへん》だったんすよ！


最初《さいしょ》はヴェルドラの迫力《はくりょく》にビビりまくっていたリムルですが、話《はな》してみるとじつは親切《しんせつ》だということがわかりました。

わ

15巻《かん》／第《だい》69話《わ》

# 笑《わら》う門《かど》には福《ふく》来《きた》る

意味《いみ》

いつも笑《わら》い声《ごえ》があるところには、しぜんに幸福《こうふく》がやってくるということ。

「笑《わら》う角《かど》」と書《か》くのはまちがいだよ。

ファルムス王国連合軍《おうこくれんごうぐん》との戦《たたか》いに勝利《しょうり》し、魔王《まおう》としての進化《しんか》を遂《と》げたリムルを祝《いわ》うため、魔国連邦《テンペスト》では盛大《せいだい》なお祭《まつ》りが開《ひら》かれました。

わ

わ

マンガ：『転生したらスライムだった件』川上泰樹・伏瀬・みっつばー
（講談社「月刊少年シリウス」連載）


# 「転生《てんせい》したらスライムだった件《けん》」で学《まな》ぶ ことわざ100

2025年1月28日　第1刷発行

| | |
|---|---|
| 編 | 講談社 |
| 発行者 | 安永尚人 |
| 発行所 | 株式会社講談社 |
| | 〒112-8001 |
| | 東京都文京区音羽2-12-21 |
| | 電話　編集　03-5395-3535 |
| | 販売　03-5395-3625 |
| | 業務　03-5395-3615 |
| 印刷所 | 共同印刷株式会社 |
| 製本所 | 大口製本印刷株式会社 |

KODANSHA


N.D.C.726　127p　19cm　ISBN978-4-06-537946-2